Triángulo ALFA

Mi método para ganar autoconfianza, lograr una mentalidad ganadora y forjar tu espíritu competitivo

José Couvertie
@josecouvertie

Triángulo Alfa
Copyright ©José Couvertie
Primera edición 2024
ISBN: 9798882969546
Foto Portada: Rubén Hardy

Producción editorial: Antonio Torrealba
Becoming an Influencer Corp.
Antoniotorrealba.com @atorreal

Cualquier forma de reproducción, distribución, comunicación pública o transformación de esta obra solo puede ser realizada con la autorización de su titular, salvo excepción prevista por la ley.

He vivido fundamentalmente con un sentido muy grande de agradecimiento. Pude reconocer muy temprano en mi vida el privilegio que es relacionarme con Dios y su gracia que por Jesús tengo.

En ese mismo sentido tuve, el privilegio de crecer con unos padres que me impulsaron en la vida: papi y mami, gracias. A ustedes dedico este libro.

Además, y no menos importante, a mi esposa Arelis, mis cuatro hijas, Keyra, Keysha Kihara y Kiomarie; y a mis cinco nietos al día de hoy. Que este libro les sirva para que sepan que su abuelo fue a todas.

Por último, quiero dedicar este mi primer libro a una persona que realmente me inspiró a creer en mi potencial y que se convirtió en un padre espiritual y mentor de vida: Pastor Ángel Molina, te honró y te bendigo.

Son muchas las personas que me han dado un buen empujón en la vida. A todos ustedes, que saben quienes son, vaya mi agradecimiento.

Les bendigo y espero disfruten y pongan en práctica los principios que les comparto en cada uno de los capítulos que aquí encontrarás.

Contenido

Presentación 9
- Mi Triángulo alfa 10

Autoconfianza: el combustible de la vida 17
- Pero… ¿qué es eso de la autoconfianza? 19
- Así afecta tu vida la falta de confianza 20
- El poder transformador de confiar en uno mismo 22
- Hacia el éxito duradero 25

Así se forman las creencias limitantes 27
- ¿Cómo nacen las creencias limitantes? 29

Derribando las creencias limitantes 35

Vence los 8 obstáculos de la autoconfianza 51
- 1. Falta de metas claras 52
- 2. Miedo al fracaso 56
- 3. Atrapado en la zona de confort 60
- 4. La falta de conocimiento y experiencia 64
- 5. Falta de organización 68
- 6. Comparación constante 70
- 7. Perfeccionismo 71

- 8. Críticas externas..................................72

Visualiza tu prosperidad..............................75
- En el camino de la visualización 77
- Pasos para visualizar................................79

**Autopercepción: lo que piensas
de ti modela tu mundo**..................................85
- Prepárate para un día lleno de confianza........86

¡Da el primer paso!....................................93
- Rompe el ciclo de la inacción 96

Anatomía de una mentalidad ganadora.......................103
- Qué es una mentalidad ganadora 104
- Características clave
de una mentalidad ganadora............................106

El Trío Dorado: Fe, disciplina y constancia................109
- El trío que no puede faltar........................111

Así es un líder..123
- Perfil de un líder, según John Maxwell...........125

4 Pasos para una mentalidad ganadora.....................133

Es hora de buscar un mentor..............................143

Asertividad, encuentra tu voz ... 153
- Qué es la asertividad ... 154
- ¿Qué se necesita para ser asertivo? ... 155
- Prepárate para la resistencia ... 162

La competencia es contigo ... 167
- ¿Qué significa competir contra uno mismo? .. 169
- No te estanques en el "Ya tengo suficiente" 171

Sal de la zona 86 ... 173
- Lo primero es creer en ti ... 174
- Sin motivación no hay cambio ... 176
- Motivación externa e interna ... 177
- Cada NO te acerca al SÍ ... 180
- Amar cada paso, no solo el destino ... 182

Activa tu instinto de caza ... 185
- La esencia de Prey Drive ... 186
- Para activar tu instinto de caza ... 187

Diseña, planifica, ¡trabaja! ... 195
- Toma las riendas ... 197
- 1. Fijar metas ... 199
- 2. Planifica tus pasos ... 201
- 3. Trabajar en el plan ... 203

Redes para el éxito: el poder del Networking 205
- El éxito no es en solitario 207
- Para alimentar tu red de contactos.................. 209
- Cuida tu reputación: tu "No negociable" 212

¿Qué sigue? 215

Presentación

En los negocios y en la vida misma, ser el líder alfa es como ser el león que lidera la manada en la sabana africana; no es solo cuestión de fuerza o velocidad; es ese instinto agudo para guiarte a ti mismo y a tu equipo hacia oportunidades. Es esa chispa, esa autoridad natural que dice "Síganme, sé el camino". Esa perspectiva de vida es lo que me ha llevado a donde hoy estoy.

Nací y me crié en la hermosa isla de Puerto Rico, y hoy día, gracias a Dios, disfruto de una vida familiar plena junto a mi esposa, cuatro hijas y cinco nietos.

Durante casi tres décadas ocupé cargos gerenciales en una corporación pública de mi país. Sin embargo, un día decidí cambiar el rumbo y migré a Estados Unidos. Allí, en 2017, mi esposa y yo iniciamos un nuevo capítulo: el negocio de bienes raíces. No nos tomó mucho tiempo para tomarnos en serio la oportunidad y obtuve la licencia de bróker inmobiliario en 2019. Así nació The Couvertie Group, que en poco tiempo creció gracias al trabajo en equipo y el compromiso de nuestros agentes.

> En el año 2022, dimos un salto adelante. Nos unimos a la plataforma de Ipt Realty y los resultados han sido sorprendentes.

En un año, pasamos de ser un grupo de 40 agentes con más de 100 transacciones y ventas mayor a los 80 millones de dólares, a construir una organización que al día de hoy tiene más de 900 agentes.

Hoy, desde la experiencia, comparto contigo Triángulo ALFA, que de buenas a primeras te digo que no significa solo ser el más fuerte o el más rápido, sino el que tiene el instinto para guiarse a sí mismo y a los demás hacia donde brillan las oportunidades.

TRIÁNGULO ALFA

Ser una persona Alfa descansa básicametne sobre tres pilares fundamentales, cada uno de ellos representado en el mismo número de bloques en que se divide este libro:

1. **Ganar autoconfianza**
2. **Desarrollar una mentalidad ganadora**
3. **Fomentar el espíritu competitivo.**

Te enseñaré cómo construir una mentalidad ganadora basada en la fe, la disciplina y la constancia.

Ser Alfa implica mucho más que simplemente ser el jefe; se trata de un liderazgo eficaz, toma de decisiones audaces y una visión a largo plazo que impulsa a toda la organización hacia el éxito. Significa tener una fuerte autoconfianza y asertividad que te permita navegar por situaciones complejas con aplomo.

Ser una persona Alfa es el fuego interno que te hace decir, "Voy a ser mejor hoy de lo que fui ayer". En este libro, encontrarás las herramientas para alimentar ese fuego y llevar tu juego al siguiente nivel.

Así, a lo largo de las siguientes páginas encontrarás lo que necesitas para aplicar esta filosofía de vida, con actividades prácticas, ejercicios y demás herramientas que necesitas para desmantelar tus creencias limitantes, visualizar tu éxito y romper el ciclo de la inacción.

Si este libro ha llegado a tus manos, es porque ya no te conformas con ser uno más de la manada. Quieres ser el Alfa de tu propia vida y de quienes te rodean.

Y aquí es donde comienza tu viaje.

José Couvertie | @josecouvertie

1

JOSÉ COUVERTIE

GANAR
autoconfianza

La confianza en ti mismo es el pilar sobre el cual se construyen todas las demás cualidades de liderazgo y éxito: te permite tomar decisiones audaces, enfrentar desafíos y asumir roles de liderazgo sin dudar de tus capacidades.

AUTOCONFIANZA:
el combustible de la vida

Te invito a descubrir esa chispa interior que nos hace creer en nosotros mismos, enfrentar desafíos con valentía y perseguir nuestros sueños con determinación.

Si alguna vez te has sentido atrapado por la falta de confianza en ti mismo, en este primer bloque de capítulos comenzarás a conocer las estrategias para superar esa barrera que te impide avanzar. Descubrirás, paso a paso, cómo construir una confianza sólida en ti mismo y, por supuesto, cómo aplicarla en situaciones cotidianas para alcanzar tus metas y sueños.

Así le pasó a Juan, a quien conocí en una conferencia de bienes raíces a la que asistí como conferencista invitado. Juan era un experimentado agente inmobiliario dedicado y conocedor del mercado, pero, por alguna razón, no lograba las ventas que sabía que era capaz de conseguir.

Durante uno de los descansos, se acercó tímidamente y compartió sus preocupaciones conmigo. Me explicó que había perdido muchas oportunidades de ventas debido a sus inseguridades. A pesar de su amplio conocimiento y lagar trayectoria, no se sentía demasiado seguro al cerrar acuerdos con clientes potenciales.

> Según me contó en oportunidades posteriores, la falta de autoconfianza afectaba profundamente a Juan en varios aspectos de su vida como realtor.

Primero, se notaba en su forma de comunicarse con los clientes potenciales. Cuando se acercaba a presentar una propiedad o discutir detalles de una venta, su voz se volvía insegura y su lenguaje corporal reflejaba dudas. A menudo, se tropezaba con las palabras y parecía incómodo al responder preguntas, lo que generaba una sensación de inseguridad en los clientes.

Otro aspecto en el que la falta de confianza impactaba a Juan era en su incapacidad de tomar decisiones importantes. Durante las negociaciones, a menudo dudaba en presentar ofertas sólidas o decidir estratégicamente y en el momento adecuado. Esto resultaba en oportunidades perdidas y en clientes que buscaban a agentes más seguros de sí mismos.

Quizá te veas retratado en el espejo del amigo Juan, indistintamente del terreno donde te muevas, ya sean las ventas, el emprendimiento, un trabajo corporativo y hasta en las relaciones personales.

Esta primera estación de tu viaje de autodescubrimiento te permitirá liberar todo tu potencial y transformar la forma en que interactúas con el mundo que te rodea. ¡Así que prepárate para embarcarte en este emocionante camino hacia una mayor autoconfianza y éxito!

Pero... ¿qué es eso de la autoconfianza?

Me gusta definir la autoconfianza como una profunda certeza y convicción en uno mismo. Es la seguridad total de que eres capaz de lograr lo que te propongas. Piénsalo como una creencia sólida en tus propias habilidades y capacidades.

> Por otro lado, el antónimo de la autoconfianza es la inseguridad.

Con este tema no puedes simplemente decirle a alguien: "Ten autoconfianza". Requiere disciplina, fe en ti mismo y la firme creencia de que puedes alcanzar tus objetivos. Es un poco como cuando confías en Dios al rezar, necesitas confiar en ti mismo cuando emprendes un proyecto.

Entonces, ¿qué significa la autoconfianza para mí? Es el motor que nos impulsa a alcanzar nuestro máximo potencial. Es la base sobre la cual construimos nuestras metas y sueños. Sin autoconfianza, es difícil llevar a cabo proyectos importantes.

Personalmente, me apasiona trabajar con personas y ayudarlas a descubrir su mejor versión. Por eso he notado que la falta de confianza en uno mismo es un obstáculo común que enfrentan muchas personas. La confianza genuina en los demás puede marcar la diferencia en sus vidas. Cuando muestras confianza honesta en alguien, pueden sentirlo y son atraídos hacia ti como un imán que cambia la forma en que interactuamos con el mundo y cómo los demás nos perciben.

Así afecta tu vida la falta de confianza

Otra de las situaciones que noté en Juan durante las charlas que siguieron a nuestro primer encuentro, fue que su falta de autoconfianza también se manifestaba en una tendencia a subestimarse a sí mismo.

A pesar de su amplio conocimiento del mercado inmobiliario, a menudo se veía a sí mismo como un principiante y se comparaba desfavorablemente con otros agentes.

> La autocrítica constante minaba la capacidad de nuestro amigo para destacar sus fortalezas y presentarse como lo que era, un experto en su campo.

Pero era solo una más de las muchas trampas que nos tiende la inseguridad, entre las cuales destaco en el día a día situaciones como:

- La inseguridad hará que te sientas nervioso al hablar en público o expresar tus ideas en una reunión.

- La falta de confianza te llevará a aceptar un salario más bajo del que mereces por miedo a una negociación.

- La indecisión y el temor a cometer errores dificultarán la toma de decisiones cruciales en la vida.

- La incertidumbre te impedirá dar el paso y lanzar tu propio negocio, incluso si tienes una idea sólida.

- La timidez hará que te sientas incómodo al conocer personas nuevas, lo que limita tus oportunidades sociales y profesionales.

- Dificultará la comunicación efectiva con tu superior, lo que afectará tu desarrollo profesional.

- Afectará tu desempeño académico al evitar que te muestres seguro en tus presentaciones.

- La falta de confianza en ti mismo te llevará a evitar confrontaciones necesarias y a no atreverte a defender tus derechos en situaciones de conflicto.

- Evitarás temas incómodos o conversaciones desafiantes, solo porque no te sientes con aplomo para ello.

- Temer la responsabilidad y el escrutinio evitará que asumas roles de liderazgo en tu vida profesional, social o comunitaria.

- La inseguridad puede hacer que dudes de tu valía y evites buscar una relación amorosa, incluso cuando deseas una compañía significativa.

El poder transformador de confiar en uno mismo

¿Te suena familiar esa sensación de ver un objetivo en tu mente, pero algo dentro de ti te impide actuar? Puede ser el miedo, ese invitado no deseado que se cuela en tu mente y pone barreras frente a tus sueños. Adivina qué, ¡la autoconfianza es la llave para enfrentar y vencer ese miedo!

Ralph Waldo Emerson, reconocido escritor y filósofo estadounidense, dejó esta perla de sabiduría: "La confianza en uno mismo es el primer secreto del éxito". Cuando confías en ti mismo, tienes la seguridad de que puedes desarrollar las habilidades necesarias, incluso si requieres un poco de ayuda en el camino.

> La autoconfianza es como el combustible para tu motor de logros. Sin ella, te quedarás atascado en la zona de confort, preguntándote por qué no puedes avanzar de un punto A a un punto B.

La autoconfianza es como si tuvieses un mapa mental claro de tu destino, pero un miedo arraigado te impidiera avanzar. Pero aquí está la verdad: tú tienes el poder de superar esos miedos y avanzar hacia tus metas. Aquí las razones de por qué es tan crucial la autoconfianza:

Toma de decisiones asertivas

Cuando confías en ti mismo, tomar decisiones se convierte en una tarea menos abrumadora. No te quedas atrapado en un torbellino de dudas; en su lugar, actúas con confianza, incluso en las encrucijadas más desafiantes.

Resiliencia ante los desafíos

La vida está llena de altibajos, y enfrentar desafíos es inevitable. Pero con autoconfianza, no te hundes cuando las cosas no salen como querías. En lugar de eso, ves los obstáculos como oportunidades de aprendizaje y crecimiento.

Fijarse objetivos ambiciosos

La autoconfianza te inspira a soñar a lo grande. Te atreves a establecer objetivos ambiciosos y trabajas incansablemente para alcanzarlos. No te conformas con menos de lo que mereces.

> Para Joel Brown, autor motivacional, "La confianza es creer en ti mismo cuando nadie más lo hace."

Relaciones sólidas

Cuando te sientes seguro de quién eres, atraes a personas que valoran tu autenticidad. Tus relaciones personales y profesionales se fortalecen.

Superación de miedos

Todos experimentamos miedo en algún momento. Pero la autoconfianza te brinda la fuerza para enfrentar tus temores en lugar de dejar que te paralicen. No dejas que el miedo dicte tus acciones.

Adaptación al cambio

La vida es un viaje constante de cambios y desafíos. Con autoconfianza, abrazas el cambio en lugar de resistirte a él. Ves cada cambio como una oportunidad para evolucionar.

Empoderamiento personal

La autoconfianza te empodera. Comprendes que tienes el control de tu vida y tus decisiones. No permites que otros dicten cómo debes vivir o qué camino debes tomar.

Autoaceptación y amabilidad

La autoconfianza va de la mano con la autoaceptación. Te tratas con amabilidad y compasión, similar a cómo lo harías con un buen amigo. Dejas de lado la autocrítica destructiva.

Hacia el éxito duradero

Ahora, ¿qué pasó con Juan, el realtor del que te hablé al comienzo de este capítulo? Pautamos una cita y comenzamos un viaje hacia la construcción de su autoconfianza mediante la evaluación de sus fortalezas y debilidades. Una de las primeras técnicas que empleamos fue el refuerzo positivo.

Cada vez que Juan cerraba una venta o avanzaba en una negociación, le recordaba lo talentoso que era y lo bien que había manejado la situación. Es sorprendente cómo un simple elogio hace maravillas para construir la autoconfianza.

Además, trabajamos en establecer metas pequeñas y alcanzables. Le pedí que fijara metas semanales y mensuales para sus ventas, y lo alenté a celebrar cada pequeño logro. Esto le dio una sensación de control y éxito que comenzó a impulsar su confianza.

El proceso no fue fácil. Hubo momentos en los que dudaba de sí mismo y enfrentaba rechazos de clientes. Pero cuando eso ocurría, recordaba que la autoconfianza no es una línea recta al éxito, sino un camino con baches lleno de desafíos.

Con el tiempo, comencé a notar un cambio significativo en Juan. Su lenguaje corporal se volvió más seguro, su tono de voz más firme y su capacidad para cerrar ventas mejoró drásticamente. Comenzó a confiar más en sus instintos y a tomar decisiones con convicción.

Lo más emocionante fue cómo su nueva confianza comenzó a atraer a clientes hacia él. Las personas podían sentir su sinceridad y pasión por su trabajo. Ya no se trataba solo de vender propiedades, sino de ayudar a las personas a encontrar sus hogares perfectos.

La historia de Juan es un inspirador testimonio de cómo la autoconfianza puede transformar una carrera y una vida. Con perseverancia, apoyo y un enfoque constante en el crecimiento personal, logró superar sus inseguridades y alcanzar el éxito.

Así se forman las
CREENCIAS LIMITANTES

Las creencias limitantes son nociones preconcebidas que te mantienen atrapado en un ciclo de duda y autoderrota. Aquí, vamos a explorar cómo identificar estas cadenas mentales y empezar a desatarlas para liberar todo tu potencial.

Laura creció en un entorno familiar en el que las expectativas académicas eran extremadamente altas. Su padre era un reconocido profesor universitario y su madre una exitosa abogada. Desde una edad temprana, Laura sintió la presión de cumplir con las expectativas de sus padres y demostrar que era igual de brillante que ellos.

A medida que avanzaba en la escuela primaria, Laura siempre se esforzaba por obtener las mejores calificaciones.

Sus padres celebraban sus éxitos académicos y elogios, pero también mostraban desaprobación cuando no alcanzaba sus expectativas.

Esto creó en Laura una sensación constante de tener que demostrar su valía a través de sus logros académicos.

A medida que Laura ingresó en la escuela secundaria, la presión aumentó aún más. Sus padres esperaban que siguiera los pasos de su madre y se convirtiera en una abogada exitosa. Siempre le recordaban lo competitivo que era el mundo laboral y la importancia de destacar desde una edad temprana.

Los comentarios constantes sobre la importancia de la inteligencia y el éxito académico hicieron que Laura se sintiera ansiosa y presionada. Comenzó a compararse constantemente con sus compañeros y a temer el fracaso. Cada vez que no lograba alcanzar sus altas expectativas, se sentía como si estuviera decepcionando a sus padres y cuestionando su propia valía.

Con el tiempo, estas experiencias se convirtieron en creencias arraigadas en la mente de Laura. Comenzó a creer que nunca sería lo suficientemente inteligente o capaz como para estar a la altura de las expectativas de sus padres. Estas creencias limitantes la acompañaron a lo largo de su vida y afectaron su autoestima y confianza en sí misma.

¿Cómo nacen las creencias limitantes?

Así, las creencias limitantes de Laura sobre su inteligencia y capacidad académica se originaron en la presión constante de cumplir con las expectativas de sus padres y la necesidad de demostrar su valía a través de sus logros.

> Estas creencias la acompañaron durante muchos años, pero finalmente pudo superarlas a medida que adquiría autoconciencia y comenzaba a desafiar esos pensamientos negativos.

Por muchos años Laura vivió atrapada en el ciclo de las creencias limitantes que restringían su crecimiento personal y profesional. Desde su infancia, había estado convencida de que no era lo suficientemente inteligente para destacar en la escuela. Siempre se comparaba con sus compañeras más brillantes y se decía a sí misma que nunca sería capaz de alcanzar sus calificaciones.

Esta creencia la llevó a evitar desafíos académicos y a conformarse con lo mínimo necesario para aprobar. A medida que pasaban los años, su autoestima se desmoronaba y su potencial académico se veía gravemente restringido.

Cuando había alguna oportunidad laboral prometedora, se repetía a sí misma que no estaba calificada para el puesto, que había candidatos más capacitados y que no tenía chance.

Como resultado, perdió muchas oportunidades profesionales que podrían haberle permitido avanzar en su carrera.

Su caso es un buen ejemplo del ciclo de cómo se forman las creencias limitantes:

CÓMO NACEN LAS CREENCIAS LIMITANTES

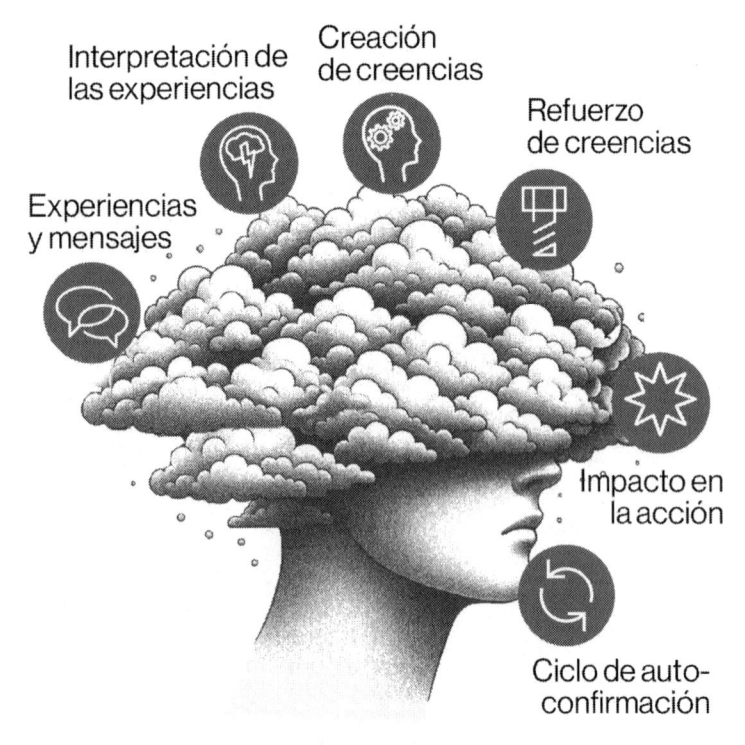

- Interpretación de las experiencias
- Creación de creencias
- Refuerzo de creencias
- Experiencias y mensajes
- Impacto en la acción
- Ciclo de auto-confirmación

1. Experiencias y mensajes

Todo comienza con las experiencias y mensajes que recibimos desde la infancia. Esto incluye lo que escuchamos de nuestros padres, maestros, amigos y la sociedad en general. Estas experiencias pueden ser positivas o negativas.

Pongamos por ejemplo a David, quien creció en una familia donde su padre trabajaba en una fábrica y su madre era ama de casa. Su padre solía decir, "En nuestra familia, nadie ha tenido la astucia para los negocios; es mejor conseguir un trabajo seguro y estable que arriesgarse a perderlo todo". Estos comentarios eran comunes durante las cenas familiares y las conversaciones en casa.

2. Interpretación de las experiencias

Después de tener esas experiencias, comenzamos a interpretarlas. Es decir, les damos un significado. Si recibimos elogios y apoyo, es probable que creamos que somos capaces y valiosos. Pero si enfrentamos críticas o fracasos, podemos empezar a dudar de nuestras habilidades y valía.

Para seguir con el ejemplo del punto anterior, a medida que David crecía, se convencía de que no estaba destinado a ser empresario o emprendedor. Pensaba que tal vez sus habilidades estaban mejor adaptadas a un trabajo más "seguro", como ser empleado de oficina o trabajar en el mismo tipo de empleos que su familia.

3. Creación de creencias

Basados en nuestras interpretaciones, creamos creencias sobre nosotros mismos y el mundo que nos rodea. Por ejemplo, si siempre nos dicen que somos inteligentes, creemos en nuestra inteligencia. Pero si nos dicen que no somos lo suficientemente buenos en algo, podemos empezar a creer que somos incapaces en esa área.

Cuando llegó a la edad adulta, David ya tenía una creencia arraigada de que no estaba hecho para el mundo de los negocios. A pesar de tener algunas ideas innovadoras y sentir ocasionalmente el impulso de intentar algo nuevo, su creencia interna era que fracasaría si lo intentaba.

4. Refuerzo de creencias

Una vez que tenemos esas creencias, tendemos a buscar evidencia que las respalde. Si creemos que somos malos en algo, recordaremos los momentos en que fallamos y olvidaremos los éxitos. Esto refuerza nuestras creencias limitantes.

Cada vez que escuchaba noticias sobre personas que habían iniciado negocios y fracasado, o cuando amigos intentaban emprender y no tenían éxito, David lo veía como una confirmación de su creencia. Se decía a sí mismo, "Ves, yo sabía que los negocios son riesgosos. Qué bueno que nunca lo intenté".

5. Impacto en nuestras acciones

Nuestras creencias limitantes influyen en cómo actuamos. Si creemos que no somos buenos en algo, es probable que evitemos las oportunidades relacionadas con eso. Por ejemplo, si creemos que no somos creativos, no intentaremos proyectos artísticos.

Con el tiempo, se presentaron varias oportunidades para que David iniciara algo por su cuenta o se uniera a amigos en emprendimientos pequeños. Sin embargo, siempre encontraba una razón para evitarlo, como "no tener tiempo" o "no ser el momento adecuado", aunque en el fondo sabía que su creencia limitante estaba influyendo en su decisión.

6. Ciclo de autoconfirmación

Este ciclo se repite una y otra vez. Nuestras creencias limitantes nos llevan a actuar de cierta manera, lo que a su vez refuerza esas creencias. Es un ciclo que puede mantenernos atrapados en la autoduda y la falta de confianza.

Al no tomar ninguna acción para desafiar su creencia limitante, David continuó con su vida manteniendo el mismo tipo de empleo que su padre había tenido. Esta falta de acción servía como una autoconfirmación de su creencia de que no estaba hecho para los negocios.

> Así, la creencia se arraigaba más y más, manteniéndolo atrapado en un ciclo perpetuo de autoduda y limitación.

Derribando las CREENCIAS LIMITANTES

Las creencias negativas son grandes obstáculos en nuestro camino hacia el éxito y la realización personal, pero aquí está la buena noticia: ¡puedes cambiar esas creencias limitantes y fortalecer tu autoconfianza!

En las siguientes páginas te guiaré a través de un proceso de cuatro pasos que te ayudará a identificar, cuestionar y transformar esas creencias limitantes en afirmaciones poderosas que te impulsarán hacia adelante:

PASOS PARA DERRIBAR LAS CREENCIAS LIMITANTES

1. Identificar tus creencias limitantes
2. Cuestionar las creencias limitantes
3. Cambiar el diálogo interno
4. Abrirse a nuevas experiencias
5. Reforzar habilidades y nuevas creencias

Paso 1: Identifica tus creencias limitantes

El primer paso para cambiar las creencias limitantes es reconocerlas. Estas creencias suelen esconderse en nuestro subconsciente y pueden ser difíciles de identificar a simple vista. Aquí hay algunas señales de alarma que te ayudarán a detectarlas:

- **Negatividad constante.** Si te encuentras pensando constantemente de manera negativa sobre ti mismo, tus habilidades o tu futuro, es probable que tengas creencias limitantes.

- **Autocrítica excesiva.** Si te juzgas implacablemente y te culpas a ti mismo por tus errores o fracasos, es hora de prestar atención a tus creencias.

- **Evitar desafíos.** Si tiendes a evitar situaciones o desafíos que te sacan de tu zona de confort debido al miedo al fracaso o la inseguridad, es posible que estés lidiando con creencias limitantes.

- **Comparaciones constantes.** Si te comparas constantemente con los demás y sientes que siempre estás en desventaja, tus creencias limitantes pueden estar en juego. Bill Gates, cofundador de Microsoft y uno de los hombres más ricos del mundo, nos recuerda: "No te compares con nadie en este mundo. Si lo haces, te estás insultando a ti mismo".

Para que te quede más claro, te pongo el ejemplo hipotético de María, quien siempre había querido aprender a tocar la guitarra, pero cada vez que lo intentaba se decía a sí misma que no era lo suficientemente musical y que nunca podría aprender a tocar bien.

Evitaba inscribirse en clases de guitarra porque creía que sería una pérdida de tiempo. Su creencia limitante era que "no tengo talento musical". Como esa, hay un sinfín de creencias limitantes que podrían estar rondando por tu mente. Acá algunas de las 50 más comunes:

1. No soy lo suficientemente bueno.
2. No merezco ser feliz.
3. No tengo suerte en el amor.
4. Siempre fracaso en lo que intento.

TRIÁNGULO ALFA

5. No puedo confiar en la gente.
6. No tengo lo que se necesita para tener éxito.
7. No puedo cambiar; soy así.
8. El dinero es la raíz de todos los males.
9. No soy lo suficientemente inteligente.
10. No logro mis sueños porque tengo responsabilidades.
11. No soy una persona creativa.
12. No puedo hacer ejercicio; no tengo tiempo.
13. Nadie querría contratarme a esta edad.
14. Soy demasiado viejo para empezar algo nuevo.
15. El mundo es un lugar peligroso.
16. La gente como yo no puede llegar lejos.
17. No puedo controlar mis emociones.
18. Nunca seré capaz de superar mi pasado.
19. Si me muestro vulnerable, me lastimarán.
20. Si hago algo mal, la gente me dejará de querer.
21. No soy atractivo.
22. La vida es injusta para mí.
23. No soy lo suficientemente fuerte.
24. No tengo el valor para enfrentar mis miedos.
25. Estoy destinado a ser infeliz.
26. No puedo lograr mucho; me faltan esudios.
27. Ya es demasiado tarde para mí.

28. Siempre tendré problemas de peso.
29. Siempre estaré solo.
30. No puedo manejar el éxito.
31. Las relaciones son complicadas y dolorosas.
32. No me concentro lo suficiente para terminar algo.
33. No sé cómo administrar el dinero.
34. Tengo que trabajar duro para merecer algo.
35. No tengo suficiente experiencia.
36. Mis opiniones no importan.
37. Soy mala persona si digo "no".
38. No puedo ser feliz hasta que alcance mis objetivos.
39. No tengo talentos especiales o habilidades.
40. No puedo relajarme; siempre hay algo que hacer.
41. Soy demasiado tímido para hablar en público.
42. La gente siempre me toma por tonto.
43. No tengo la disciplina para lograr lo que quiero.
44. Soy demasiado emocional.
45. No merezco amor incondicional.
46. No soy capaz de hacer a nadie feliz.
47. No puedo ser yo mismo; la gente no me aceptará.
48. Escondo mis sentimientos para ser aceptado.
49. No puedo arriesgarme; podría fallar.
50. Mi valor se basa en mis logros profesionales.

OBJETIVO ALFA
Lleva un diario de tus pensamientos

El objetivo de este ejercicio es identificar patrones de creencias limitantes mediante la autoobservación y el registro de pensamientos críticos e inseguridades.

- **Designa un cuaderno o una sección de tu aplicación de notas para este ejercicio.** Lleva contigo el cuaderno o dispositivo móvil para que puedas anotar tus pensamientos en el momento en que surjan. Este ejercicio es más efectivo si se realiza durante un periodo de al menos 3 a 7 días.

- **Registro en tiempo real.** A lo largo de cada día, haz un esfuerzo consciente para estar atento a tus pensamientos, especialmente cuando te sientas inseguro o te critiques a ti mismo. Ejemplo: "No puedo creer que haya cometido ese error. Siempre arruino todo."

- **Anótalo.** Cuando identifiques un pensamiento crítico o una inseguridad, escríbelo en el diario. Si puedes, añade el contexto en el que surgió ese pensamiento. Ejemplo: "[Martes, 10:45 a. m.] Cometí un error en una presentación en el trabajo. Pensamiento: 'Siempre arruino todo.'"

- **Revisión y análisis.** Al final de cada día, o al final del periodo de 3 a 7 días, revisa tus anotaciones. Busca patrones en tus pensamientos y las circunstancias que los desencadenan. Por ejemplo: "Parece que mis pensamientos críticos surgen principalmente en situaciones laborales."

- **Identificación de creencias limitantes.**
  Trata de resumir estos patrones en una o dos creencias limitantes que puedas haber identificado.

  Una vez que hayas identificado tus creencias limitantes, puedes dar el siguiente paso para desafiarlas o modificarlas. Este ejercicio es el primer paso hacia la autoconsciencia y el cambio positivo.

Paso 2: Cuestionar las creencias limitantes

Una vez que hayas identificado tus creencias limitantes, es el momento de cuestionarlas. Pregúntate a ti mismo si estas creencias son realmente ciertas. A menudo, nuestras creencias limitantes se basan en suposiciones infundadas o experiencias pasadas que ya no son relevantes.

En el caso de María, decidió cuestionar su creencia de que no tenía talento musical. Se dio cuenta de que nunca había intentado aprender a tocar la guitarra y que no tenía evidencia sólida para respaldar su creencia. Además, se dio cuenta de que muchas personas aprenden nuevas habilidades sin tener un talento innato.

Otro paso crucial es identificar las excepciones: cuando tu autoconfianza está en baja, es posible que tus pensamientos de baja autoeficacia se vean influidos por algunos sesgos. Un ejemplo es el sesgo de confirmación, que es cuando tendemos a recordar más los datos que respaldan nuestras ideas y prestamos menos atención a la información que las contradice.

Si sientes que no confías mucho en ti mismo, es probable que te enfoques más en las ocasiones en las que las cosas no salen como esperabas.

Pero aquí está el truco para aumentar tu autoconfianza: comienza a prestar atención a las veces en las que no experimentas los fracasos que habías anticipado. Haz una lista de estos momentos y analiza lo que funcionó bien. Esto te permitirá confiar más en tus habilidades en el futuro y construir una mayor autoconfianza. Es un pequeño paso que puede marcar una gran diferencia en cómo te ves a ti mismo y en tu capacidad para tener éxito.

OBJETIVO ALFA
Éxitos no esperados

Muchas veces tendemos a enfocarnos en nuestros fracasos o momentos de duda, lo que puede minar nuestra confianza en nosotros mismos. Sin embargo, este ejercicio te invita a cambiar ese enfoque y prestar atención a los momentos en los que superaste tus expectativas y te sorprendiste a ti mismo.
Al reflexionar sobre estos éxitos no esperados, fortaleces la confianza en tus habilidades y asumes desafíos con mentalidad positiva y segura:

1. Toma una hoja de papel en blanco y un lápiz. Divide la hoja en dos columnas. Etiqueta la primera columna como "Fracasos Anticipados" y la segunda columna como "Éxitos no Esperados".

2. En la columna de "Fracasos Anticipados", anota algunos momentos recientes en los que pensaste que las cosas no iban a salir como esperabas debido a tu falta de confianza en ti mismo. Esto podría ser situaciones en las que te sentías inseguro o temeroso.

3. Ahora, en la columna de "Éxitos No Esperados", anota situaciones en las que las cosas salieron mejor de lo que anticipabas. Incluye momentos en los que te sorprendiste a ti mismo con tus habilidades o logros, incluso si inicialmente no tenías mucha confianza.

4. Una vez que hayas completado ambas columnas, observa la columna de "Éxitos No Esperados". Analiza qué es lo que funcionó bien en esas situaciones y por qué lograste superar tus expectativas.

5. Usa esta información como recordatorio de tus fortalezas y habilidades. A medida que enfrentes nuevos desafíos, recuerda esos momentos de éxito no anticipado y confía en que puedes superarlos.

Esta práctica te ayudará a cambiar tu enfoque de los fracasos hacia los éxitos y a construir gradualmente una mayor autoconfianza en ti mismo.

Paso 3: Cambia el diálogo interno

¿Alguna vez te has sorprendido diciendo cosas como "Soy incapaz" o "No me va a salir"? Estas expresiones pueden afectar la forma en que enfrentas los desafíos.

La forma en que te hablas a ti mismo y cómo te describes impacta en la percepción que cómo te sientes acerca de tus habilidades. Como mencioné anteriormente, nuestros pensamientos pueden influir en nuestras acciones, ¡y esto también se aplica a cómo hablamos!

Deja de lado las expresiones pesimistas y cámbialas por otras que reflejen la posibilidad de mejorar. Comienza por elogiar las cosas en las que eres bueno, y háblate a ti mismo con el mismo cariño que usarías al hablar con alguien a quien aprecias.

> Una vez que hayas cuestionado tus creencias limitantes y te des cuenta de que no son verdades inquebrantables, es hora de cambiar tu diálogo interno.

Jen Sincero, una escritora y coach de vida, nos alienta a tomar el control de nuestra autoimagen en su libro "You Are a Badass". Sincero propone hacer un inventario de nuestras habilidades y logros para cultivar una visión más positiva de nosotros mismos. También aboga por trabajar el diálogo interno negativo y blindarlo con afirmaciones positivas que refuercen la autoconfianza.

Creencias limitantes	Afirmaciones positivas
No soy lo suficientemente bueno	Soy capaz y competente en muchos aspectos.
Fracaso en todo lo que intento	Cada intento es una oportunidad de aprender.
No merezco ser feliz	Merezco felicidad como cualquier otra persona.
No puedo cambiar	Soy el arquitecto de mi vida y puedo hacer cambios positivos
No tengo talento	Tengo habilidades y talentos únicos que me hacen valiosos.
Es demasiado tarde para empezar	Nunca es demasiado tarde para un cambio positivo
Nadie me quiere	Soy digno de amor y de pertenencia
No puedo lograr mis sueños	Con esfuerzo y tenacidad puedo alcanzar mis metas.
Soy un desastre total	Todos cometemos errores; lo clave es aprender de ellos
No tengo suerte en la vida	Creo mi propia suerte a través de mis acciones y decisiones.

OBJETIVO ALFA
Cambio de diálogo interno

Este ejercicio busca reemplazar creencias limitantes identificadas con afirmaciones positivas y empoderadoras para fomentar un cambio de mentalidad.

- **Identificación de creencias limitantes.** Revisa el diario de pensamientos que llevaste en el ejercicio anterior. Haz una lista separada de las creencias limitantes que identificaste.

- **Formulación de afirmaciones positivas.** Para cada creencia limitante que hayas identificado, formula una afirmación positiva que contrarreste esa creencia. Por ejemplo: Creencia limitante: "No soy bueno en relaciones amorosas". Afirmación positiva: "Estoy abierto a aprender y crecer en mis relaciones amorosas".

- **Práctica diaria.** Busca un momento del día para recitar tus afirmaciones. Podría ser por la mañana cuando te despiertas, en la tarde durante un descanso o por la noche antes de dormir.

- **Repetición y enfoque.** Repite cada afirmación en voz alta o en tu mente. Hazlo con intención, centrándote en la sensación empoderadora que la afirmación te brinda.

- **Registro y seguimiento.** En el mismo cuaderno o sección de tu aplicación de notas, haz un seguimiento de cómo te sientes después de una semana practicando tus afirmaciones. ¿Notas algún cambio en tu comportamiento o en tu diálogo interno?

Paso 4: Experimentar nuevas experiencias

Para fortalecer tu autoconfianza y superar tus creencias limitantes, te sugiero exponerte a nuevas experiencias que desafíen esas creencias. ¿Por qué? Pues la experiencia personal es una de las formas más efectivas de cambiar tu mentalidad y construir una autoconfianza sólida.

¡María finalmente se inscribió en clases de guitarra! Al principio, se sentía nerviosa y dudaba de sus habilidades, pero con la práctica constante y el apoyo de su instructor, comenzó a tocar canciones que antes parecían inalcanzables. Estas experiencias la ayudaron a transformar su creencia limitante en una nueva creencia empoderadora.

OBJETIVO ALFA
Enfrenta tus creencias limitantes

La idea a continuación es ganar confianza en ti mismo y cuestionar tus creencias limitantes mediante la realización de pequeños desafíos que pongan a prueba tus habilidades.

- **Revisión de creencias limitantes:** vuelve a tu lista de creencias limitantes que has identificado en ejercicios anteriores. Como ejemplo: "No soy bueno en deportes" o "Soy malo hablando en público".

- **Elección de desafíos:** para cada creencia limitante, piensa en un pequeño desafío que puedas realizar para probar esa creencia. Asegúrate de que el desafío sea manejable y realista. Para seguir con el ejemplo anterior: *Creencia limitante*: "No soy bueno en deportes". *Desafío*: Jugar una partida de baloncesto con amigos. O *creencia limitante:* "Soy malo hablando en público". *Desafío:* dar un discurso corto o presentación en un entorno seguro, como una reunión de amigos o en una clase.

- **Ejecución del desafío:** haz el pequeño desafío que elegiste. Hazlo conscientemente, observando tus pensamientos y emociones antes, durante y después del desafío.

- **Registro de experiencias:** escribe tus observaciones en tu cuaderno o aplicación de notas. ¿Cómo te sentiste? ¿Qué pensaste? ¿El desafío fue más fácil o más difícil de lo que esperabas? Por ejemplo, "Me sentí nervioso al principio, pero una vez que comencé, me di cuenta de que disfrutaba jugando baloncesto".

- **Reflexión y ajuste de creencias:** basándote en tu experiencia, ¿necesitas ajustar alguna de tus creencias limitantes? Actualiza tu lista de creencias y afirmaciones positivas de acuerdo a lo que hayas aprendido.

- **Repite y amplía:** una vez que hayas completado un desafío, asume otro un poco más exigente. El objetivo es acumular "victorias" que te ayuden a ganar confianza en ti mismo y desafiar tus creencias limitantes.

Al enfrentar tus creencias limitantes con pequeños desafíos, no solo pones a prueba esas creencias sino que también ganas confianza en ti mismo. Este ejercicio te permite experimentar el éxito en pequeñas dosis, pero significar un cambio significativo en tu autoimagen y tus capacidades.

Paso 5: Refuerza habilidades y nuevas creencias

La autoconfianza no se construye únicamente en el mundo de las ideas, sino que también se fortalece cuando te sumerges en la acción.

> La práctica constante te proporcionará una mayor seguridad en ti mismo y en tus habilidades, lo que te será invaluable cuando llegue el momento de aplicarlas en situaciones importantes o decisivas.

¿Por qué te digo esto? Porque la clave para crear un hábito es la consistencia. Dedica tiempo cada día a practicar pensamientos y acciones cotidianas que refuercen tus creencias positivas. Esto puede incluir la meditación, la visualización o la lectura de material inspirador.

No dejes de lado el apoyo social, que será básico para fijar los nuevos patrones mentales y, con ello, las nuevas conductas edificantes. Comparte tus objetivos con amigos o familiares de confianza que puedan brindarte apoyo y aliento. El respaldo de otras personas definitivamente es un garn motivador y fortalecedor.

Así que, ¡adelante, ponte en marcha y comienza a practicar el reforzamiento de habilidades y nuevas creencias!

OBJETIVO ALFA
Fortalece la autoconfianza

Este es una actividad efectiva para robustecer la autoconfianza que hemos trabajado en ejercicios anteriores, pues te ayuda a escarbar en tus habilidades a la luz de pensamientos positivos. Así que ¡manos a la obra!

- **Selección de habilidad:** elige una habilidad relacionada con una de tus nuevas creencias positivas que desees reforzar o mejorar.

- **Plan de práctica:** establece un plan de práctica sencillo y alcanzable para la habilidad seleccionada. Decide cuánto tiempo dedicarás a practicar por 30 minutos cada día.

- **Acción y práctica:** siguiendo tu plan, sumérgete en la práctica de la habilidad seleccionada, esto debe ser sistemático, para crear el hábito.

- **Registro y reflexión:** al final de cada práctica, toma un momento para escribir cómo te sentiste, qué aprendiste y cómo esto se relaciona con tus nuevas creencias positivas.

- **Celebra el progreso:** No importa cuán pequeño sea tu avance, celébralo. Esto ayudará a reforzar tus nuevas creencias y a construir autoconfianza.

Este ejercicio te permite experimentar cómo tus nuevas creencias se traducen en acción, proporcionándote una base más fuerte de autoconfianza para enfrentar futuros desafíos.cticar para impulsar tu autoconfianza al siguiente nivel!

VENCE LOS 8 OBSTÁCULOS
de la autoconfianza

Te explico en este capítulo los principales obstáculos que a menudo enfrentamos cuando buscamos escapar de la falta de confianza en uno mismo.

La falta de confianza en uno mismo es una especie de niebla alimentada por los miedos internos, como miedo al fracaso, al rechazo, al juicio ajeno y a no ser suficiente. De allí arranca todo.

Pero hay muchos otros factores que nos impiden construir una sólida confianza en nosotros mismos para subir la cuesta del crecimiento personal y la prosperidad material. Así que profundizaré en los 8 aspectos que podemos trabajar para asumir la responsabilidad que tienes con tu persona.

1. Falta de metas claras

Escúchame bien, tener metas claras en la vida no es solo una buena idea; es un must-have, un imprescindible, un non-negotiable. ¿Por qué? Porque cuando tienes un objetivo claro, sacas a pasear tu autoconfianza. Sí, esa autoconfianza tímida y a veces esquiva se pone las botas y empieza a caminar a tu lado como un fiel compañero de viaje.

> Piensa en metas como faros en la distancia. Sin ellas, te encuentras navegando en un océano de incertidumbre. Pero con un faro, algo mágico sucede: te das cuenta de hacia dónde te diriges.

Vayamos al grano. El primer paso para establecer metas claras es ser brutalmente honesto contigo mismo. ¿Qué es lo que realmente quieres? No me digas lo que tu madre, tu pareja o la sociedad espera de ti. Quiero saber lo que anhelas, lo que te hace saltar de la cama con un brinco, incluso en los días que más te cuesta. Toma un papel, un lápiz y haz una lista de lo que quieras lograr, por pequeño o grande que sea.

Una vez que tengas esa lista, es hora de priorizar. No todo lo que brilla es oro y no todas tus metas tienen el mismo peso. Algunas te llevarán más cerca de la vida que deseas, y otras son distracciones brillantes pero inútiles. Sé selectivo y elige las metas que te llevarán hacia un futuro mejor y más confiado.

Con tu lista priorizada en mano, desglosa cada meta en pasos más pequeños y manejables. ¿Quieres escribir un libro? Comienza con un plan y luego escribe algo todos los días. ¿Quieres estar en forma? Diseña un programa de entrenamiento y síguelo al pie de la letra. Detalla cada paso para llegar a tus metas, pero siempre ten en cuenta que la clave aquí es la consistencia.

Ahora, una advertencia. Prepárate para fallos y contratiempos. No todo será un paseo por el parque. Habrá días en que te preguntarás por qué te molestaste en establecer metas en primer lugar. Pero escucha, esos días son normales y parte del proceso. La clave es no dejar que esos momentos te hagan abandonar.

> Contratiempos y fracasos son simplemente oportunidades para aprender y ajustar tu enfoque. Y con cada ajuste, tu autoconfianza se afianza un poco más.

OBJETIVO ALFA
Metas según tus emociones

Aquí tienes un ejercicio práctico que te ayudará a conseguir tus metas. Necesitarás un lápiz y papel, y alrededor de 30-45 minutos de tiempo sin distracciones. Vamos allá:

- **Dibuja tu línea de tiempo de vida:** toma una hoja de papel en horizontal y dibuja una línea recta de izquierda a derecha, que represente tu vida desde hoy hasta donde imagines. Divide esa línea en intervalos de 5 años.

- **Identifica momentos clave:** en otra hoja de papel, haz una lista de momentos clave que te gustaría vivir en cada intervalo de 5 años. Pueden ser eventos personales como casarte, viajar a un lugar específico, o alcanzar un hito profesional como crear tu propio negocio.

- **Asocia emociones**: al lado de cada momento clave, escribe la emoción o sensación que crees que experimentarás al lograrlo (ej. felicidad, realización, tranquilidad).

- **Convierte momentos en metas:** vuelve a tu línea de tiempo y, en los intervalos de 5 años, anota los momentos convertidos en metas concretas. Asegúrate de que sean medibles.

- **Crea Indicadores de progreso:** para cada meta, escribe dos o tres indicadores de progreso. No son pasos para alcanzar la meta, sino más bien signos de que te estás acercando a ella. Por ejemplo, si tu meta es "tener mi propio negocio", un indicador de progreso podría ser "tener 5 clientes estables".

- **Color y símbolo para cada meta:** asigna un color y un símbolo para cada tipo de meta (personal, profesional, espiritual, etc.). Regresa a tu línea de tiempo y dibuja esos símbolos en los intervalos correspondientes, usando los colores que asignaste.

- **Revisión semanal:** cada semana, dedica unos minutos para revisar tu línea de tiempo y tus indicadores de progreso. Haz ajustes según sea necesario, pero siempre mantén la vista en tus metas y las emociones asociadas a ellas.

- **Autoevaluación anual:** una vez al año, haz una revisión más profunda. Mira tus logros y replantea tus metas si es necesario. Agradece a tu "yo" del pasado por los esfuerzos y reafirma tu compromiso para seguir avanzando.

Al final del ejercicio, tendrás una línea de tiempo de vida llena de metas emocionales y significativas, así como una estrategia para acercarte a ellas de manera constante. No olvides mantener tu línea de tiempo en un lugar donde la veas con regularidad. A medida que el tiempo pase, disfrutarás marcando esas metas como "logradas" y experimentando las emociones que anticipaste.

2. Miedo al fracaso

J.K. Rowling, la maga detrás de la serie "Harry Potter", es una de las autoras más exitosas del mundo. Sin embargo, antes Rowling estaba luchando contra un enemigo que muchos de nosotros conocemos demasiado bien: el miedo al fracaso.

En los años 90, Rowling había terminado su educación en la Universidad de Exeter y trabajado en distintos empleos, incluido uno como investigadora y traductora de francés. Pero algo en su corazón la llevaba siempre hacia la escritura. Así que escribía. En cafeterías, en su departamento, siempre que podía.

> El concepto para "Harry Potter" le llegó durante un viaje en tren, y lo atrapó tanto que sabía que tenía que escribirlo.

Pero la vida tenía otros planes para ella. Tras su divorcio y con una hija pequeña que cuidar, Rowling se encontró en una situación extremadamente difícil. Desempleada y viviendo con el apoyo del estado, se encontraba en una etapa de pobreza y desesperación.

Ahí estaba ella, una mujer joven, talentosa pero llena de dudas y con una pequeña niña que dependía completamente de ella. La realidad de su situación era aterradora, y como muchos de nosotros hubiéramos hecho, ella temía fallar no solo como escritora sino también como madre.

Finalmente, decidió intentar publicar su manuscrito de "Harry Potter y la piedra filosofal". Pero en lugar de recibir un contrato de publicación y un boleto dorado hacia el éxito, lo que recibió fueron cartas de rechazo.

Una tras otra, las editoras le decían "no" a Harry, a Hermione, a Ron y a todo el mundo mágico que ella había creado. Podríamos imaginar lo devastador que debe de haber sido este período para Rowling. Cada carta de rechazo era una confirmación de sus temores: que ella no era buena, que había fallado y que todo su trabajo había sido en vano.

> Aquí es donde la historia podría haber terminado para muchos de nosotros. El miedo al fracaso podría haber ganado. Pero para J.K. Rowling, este era solo el comienzo.

En entrevistas, Rowling ha hablado abiertamente sobre este período de su vida, describiendo cómo se sentía como "la mayor fracasada que conocía". Pero incluso en esos momentos de oscuridad, había una chispa de resiliencia que se negaba a apagarse. Ella enfrentó su miedo al fracaso y lo transformó en combustible de su ambición. ¿Cómo? Al recordar por qué empezó a escribir en primer lugar.

Rowling venció su miedo porque decidió que el acto de escribir, de crear, de compartir algo que amaba con el mundo, valía cualquier cantidad de fracasos o rechazos que pudiera enfrentar. No es que ya no temiera fracasar, sino que el temor ya no controlaba sus decisiones.

Si hay algo que aprender de la historia de J.K. Rowling, es que el fracaso es solo el final si decidimos que lo sea. Y como la misma Rowling dijo una vez: "Es imposible vivir sin fracasar en algo, a menos que vivas con tanto cuidado que podrías igual no haber vivido en absoluto, en cuyo caso, has fracasado por defecto."

> El fracaso es una parte natural del proceso de aprendizaje y crecimiento. Nadie logra el éxito sin experimentar fracasos en el camino. De hecho, los fracasos pueden ser oportunidades para aprender y mejorar.

Así que cambia tu percepción del fracaso: en lugar de verlo como un obstáculo, considéralo como un paso necesario en tu viaje hacia el éxito. Aprende de tus errores y utilízalos como trampolín para avanzar.

Maestra Vida

Quiero concluir este punto del fracaso con una expresión que no por muy dicha deja de ser bella: la "maestra vida", que significa que, a medida que vivimos, enfrentamos experiencias y fracasos que nos enseñan valiosas lecciones sobre quiénes somos, cómo nos relacionamos con otros y cómo podemos crecer como personas.

Estas lecciones de vida fortalecen nuestro aprendizaje y desarrollo a lo largo de nuestra existencia.

OBJETIVO ALFA
Espera el primer "NO"

Este ejercicio tiene como objetivo desensibilizarte ante el rechazo y acercarte más al "sí" que buscas. Te ayudará a superar el miedo al fracaso y al rechazo:

- **Identifica la meta:** antes de comenzar, identifica la meta que quieras alcanzar. Puede ser algo como conseguir un nuevo trabajo, mejorar una habilidad o hacer nuevos amigos.

- **Prepara tu petición:** piensa en una petición o propuesta que te acercará a tu objetivo. Debe ser algo concreto y medible.

- **Busca el "NO":** el objetivo es recibir tu primer "no" del día, por lo que debes hacer tu petición o propuesta lo más pronto posible.

- **Registra tu experiencia:** anota quién le hiciste la petición y cuál fue su respuesta. Reflexiona: ¿cómo te sentiste al recibir un "no"? ¿Fue tan malo como creías? Cada "no" es una oportunidad para aprender y adaptarse.

- **Sigue Intentando:** no dejes que el "no" te detenga. Si es apropiado, considera hacer una petición diferente a la misma persona más tarde o busca a alguien más a quien hacerle la petición.

- **Repasa y adapta:** repasa tus notas y piensa en lo que has aprendido. Utiliza esta información para adaptar tu enfoque para el día siguiente.

Al enfrentarte al rechazo y buscar activamente tu primer "no" del día, estás construyendo la resiliencia que necesitas para alcanzar tus metas. Además, cada "no" te acerca más al "sí" que deseas.

3. Atrapado en la zona de confort

¿Te sientes cómodo en tu vida actual? Si la respuesta es sí, permíteme decirte algo sin pelos en la lengua: tienes que moverte, y rápido. Ahora bien, antes de que te alarmes, piensa en esto: la comodidad es el enemigo número uno del crecimiento.

> Esa burbuja en la que te encuentras, donde todo es predecible y seguro, se llama zona de confort. Pero no te dejes engañar, esa comodidad es una trampa.

La zona de confort te ofrece un espacio "seguro" donde evitar los riesgos, las incomodidades y los miedos. Pero ojo, no te confundas. Esa seguridad por momentos es básica, pues necesitamos sentirnos seguros, pero cuando nos estanca, la zona de confort se convierte en una ilusión.

En realidad, cuando te estancas en tu comodidad y rutina, estás pagando un muy alto precio por ella: tu crecimiento personal y desarrollo profesional. Te conviertes en espectador de tu propia vida, mientras los días pasan en un monótono ciclo.

Es verdad, hay una seguridad aparente en lo conocido. Pero también hay una parálisis en el estancamiento. El miedo a lo desconocido te ata de manos y pies, y lo peor es que ni siquiera te das cuenta.

Así, terminas aceptando menos de lo que mereces, aspiras a menos de lo que eres capaz y te convences de que eso es lo mejor que conseguirás. Esa es la ilusión de la que te hablo, porque, créeme, estás hecho para más. Esto lo han comprobado quienes se dejan guiar por la curiosidad para conseguir en el camino los dulces frutos de la creatividad, la innovación y el crecimiento.

Así que, ¿cómo sales de esa jaula dorada? Bueno, déjame decirte, el primer paso es el más difícil, pero también el más liberador:

CÓMO SALIR DE LA ZONA DE CONFORT

- Decidir hacerlo
- Establece metas claras
- Afronta tus miedos
- Entra en acción

1. Decidir hacerlo

Asume que necesitas un cambio y que el momento es ahora. No mañana, no dentro de un año, ahora. Romper con la inercia es vital para abandonar la zona de confort.

2. Establece metas claras

Pero escúchame bien, no te vayas por las ramas con objetivos tan altos que te hagan sentir abrumado. Sé realista. Una vez que tengas tus metas, diseña un plan para alcanzarlas y síguelo con disciplina y determinación. La clave está en desafiar constantemente tus propias limitaciones.

3. Afronta tus miedos de manera proactiva

Si temes hablar en público, apúntate a una clase de oratoria. Si te sientes inseguro en tu trabajo, busca oportunidades para demostrar tu valía. Si te intimida la idea de un cambio de carrera, empieza por tomar cursos o leer libros que te preparen para esa nueva dirección.

OBJETIVO ALFA

Contra tus miedos

La psicóloga y autora Susan Jeffers se centra en cómo superar el miedo para ganar confianza en su libro "Feel the Fear and Do It Anyway". Allí Jeffers nos invita a enfrentar nuestros miedos y adoptar una mentalidad de "puedo manejarlo", especialmente cuando nos enfrentamos a la incertidumbre:

- **Identifica tus miedos.** Haz una lista de 3-5 miedos o preocupaciones que sientes que están limitando tu confianza y potencial. Podría ser miedo al fracaso, miedo al rechazo o cualquier otra cosa que te detenga.

- **Clasifica tus miedos.** En una escala del 1 al 10, califica cada miedo en términos de la intensidad del impacto que tiene en tu vida.

- **Análisis del peor escenario.** Para cada miedo, escribe el peor escenario posible si ese miedo se convirtiera en realidad. Luego, reflexiona sobre cómo podrías manejar ese peor escenario.

- **Crea un plan de acción.** Ahora que tienes un sentido de cómo manejar el peor escenario, crea un plan de acción con pasos concretos para enfrentar cada miedo. Esto podría incluir investigar más, hablar con personas que han enfrentado desafíos similares, o simplemente tomar medidas pequeñas pero significativas para enfrentar el miedo.

- **Practica la mentalidad "Puedo Manejarlo".** Antes de ejecutar tu plan de acción, repítete a ti mismo "puedo manejarlo". Este simple mantra te ayudará a internalizar la idea de que, sin importar lo que pase, tienes las habilidades y la resiliencia para manejarlo.

- **Hazlo. Finalmente, pon en acción tu plan.** No importa si te enfrentas a un fracaso o a un revés; lo crucial es que estás enfrentando tus miedos y aprendiendo de la experiencia.

Te recomiendo lecturas que nutran tu espíritu emprendedor y tu deseo de crecer. Alimenta tu mente con conocimientos y perspectivas que te empujen a salir de tu zona de confort.

4. Entra en acción

¡Nada de lo anterior importará si no pasas a la acción! No solo te prepares, actúa. La acción genera confianza y rompe la inercia de la comodidad.

Y sí, al principio te sentirás incómodo, incluso asustado. Pero esa incomodidad es el precio de la libertad y el crecimiento. Así que abraza la incomodidad, baila con ella.

> Cuando evitas desafíos o situaciones nuevas porque te sientes seguro en tu zona de confort, estás limitando tu crecimiento y desarrollo.

4. La falta de conocimiento y experiencia

Supón que deseas emprender tu propio negocio en línea, pero te sientes inseguro porque no sabes por dónde empezar ni cuáles son las mejores estrategias. Esta falta de conocimiento puede paralizarte y evitará que avances.

Si no comprendemos cabalmente una tarea o un campo en el que deseamos destacar, es natural sentirse inseguro. No tener conocimientos en un área específica merma tu autoconfianza de varias maneras. Aquí van algunas:

- **Inseguridad en la toma de decisiones.** Cuando no tienes suficiente información o habilidad en un tema, tomar decisiones se convierte en un proceso angustiante. Te cuestionas constantemente y puedes tardar mucho tiempo en tomar una decisión simple.

- **Parálisis por análisis.** La falta de confianza en tus conocimientos te llevará a buscar constantemente más y más información antes de actuar. Esto puede llevarte a una especie de parálisis en la que te sientes atrapado en un bucle de investigación infinita sin poder llegar a una acción concreta.

- **Disminución de la autopercepción.** La confianza no solo es sobre lo que puedes hacer; también se trata de cómo te miras a ti mismo. No sentirte capaz en un área determinada puede llevar a una disminución general de tu autopercepción, afectando otras áreas de tu vida y tu bienestar emocional.

- **Evitación de oportunidades y desafíos.** La falta de autoconfianza puede llevarte a evitar situaciones que consideras amenazantes, lo que a su vez te priva de oportunidades para aprender, crecer y demostrarte a ti mismo de lo que eres capaz.

5. **Autosabotaje.** En casos extremos, la falta de autoconfianza puede llevarte a sabotear tus propios esfuerzos, quizás porque sientes que no mereces tener éxito o porque el miedo al fracaso se convierte, finalmente, en una profecía autocumplida.

Comprender cómo la falta de conocimientos en un área específica merma tu autoconfianza es el primer paso para abordar el problema.

Con esta conciencia, te condicionas con determinación a buscar adquirir las habilidades y los conocimientos que necesitas para aumentar tu autoconfianza.

OBJETIVO ALFA

Plan de aprendizaje y acción

Este ejercicio te ayudará a diseñar un plan de acción para aumentar tus habilidades en un área en particular. Un objetivo claro y un plan de acción harán maravillas para tu autoconfianza.

- **Identifica el área de interés.** Escribe el área en la que sientes que te falta conocimiento y quisieras mejorar. Puede ser algo relacionado con tu trabajo, una habilidad específica.

- **Objetivo concreto.** Determina un objetivo específico dentro de esa área. Hazlo lo más medible y realista posible. También, haz una lista de recursos a usar para adquirir conocimientos en esta área, ya sea libros, cursos en línea, videos de YouTube, pódcast o asesores.

- **Plan de acción semanal.** Diseña un plan de acción para una semana. Divide el objetivo en pequeñas tareas a realizar cada día. Por ejemplo, si quieres aprender a programar, tu tarea podría ser "completar una lección de un curso de programación en línea cada día".

- **Calendario.** Asigna un momento específico para trabajar en cada tarea y apúntalo en tu calendario. La consistencia es clave para el aprendizaje y el aumento de la autoconfianza.

- **Ejecución y ajustes.** Ejecuta tu plan de acción y, al final de la semana, evalúa tu progreso. ¿Qué funcionó? ¿Qué necesita ajustes? Hacer esto no solo te da una sensación de logro sino que te permite ver las brechas de mejora.

Quizá te suene familiar la siguiente situación: ves una tarea, te sudan las manos y piensas, "no tengo ni idea de cómo hacerlo". Claro, te sientes como un explorador ante un territorio desconocido, sin mapa ni brújula. Es normal. La falta de experiencia hace que tu confianza propia baje a niveles de sótano.

Cuando no tienes experiencia en algo, tu cerebro entra en modo de alarma. Te cuestionas. Dudas. Procrastinas. Finalmente, esa falta de acción solo refuerza tu creencia de que no eres lo suficientemente bueno. Y el ciclo continúa.

> Pero aquí viene la vuelta de tuerca. La experiencia se adquiere con práctica y exposición. Nadie nace sabiendo, y no existe una varita mágica para darte instantáneamente la experiencia que deseas. Tienes que sudarla.

Cada vez que te enfrentas a un desafío, pones un ladrillo en la construcción de tu autoconfianza. Esa fortaleza se fracaso tras fracaso, éxito tras éxito.

- **Reúne información.** Antes de embarcarte en una nueva experiencia, haz tu tarea. Investiga, consulta, aprende. Pero no te quedes en esa fase; la acción es crucial.

- **Hazlo, fíjate, ajusta.** Lánzate al agua. Haz la tarea. Luego, observa qué salió bien y qué necesita ajuste. Este ciclo de retroalimentación es oro puro.

- **Aprende de los fracasos.** No los veas como finales catastróficos, sino como oportunidades de aprendizaje. Los fracasos te enseñan mucho más que los éxitos.
- **Pide feedback.** No tienes que hacerlo solo. Pide opiniones, escucha y ajusta tu enfoque según sea necesario.
- **Repite.** La confianza viene con la repetición. Cuanto más haces algo, más natural se siente.

5. Falta de organización

No es un secreto que la desorganización convierte cualquier tarea, por pequeña que sea, en una montaña insalvable. Y cuando eso sucede, tu autoconfianza se desploma como un paracaidista sin paracaídas.

> No es solo que no sepas dónde están tus cosas o cómo ejecutar tus proyectos; es que cada minuto que pasas en ese caos te grita que no tienes el control. Y tenerlo es el pilar de la autoconfianza.

La falta de organización también te roba tiempo. Buscas una nota o un archivo y puf, media hora desaparece. El tiempo es irrecuperable. Y cada minuto que pierdes revolviendo papeles o buscando en tu correo electrónico, es un minuto que no inviertes en ti, en tu crecimiento y en tu bienestar. Consecuencia: te sientes cada vez más frustrado y menos capaz.

Sin embargo, aquí viene lo bueno. Todo eso se puede cambiar, y tú vas a ser el artífice de esa transformación. No te preocupes, no te voy a pedir que te conviertas en Marie Kondo de la noche a la mañana. Pero sí te recomiendo que empieces con estos pasos prácticos.

- **Empezar pequeño.** Ataca un espacio o tarea a la vez. No intentes limpiar toda tu casa o tu escritorio en un día. Elige un cajón, una carpeta o una tarea pendiente, y dedica tiempo a ordenarlo.

- **Haz listas.** Si, las listas son tu nueva mejor amiga. Cada mañana, haz una lista de lo que necesitas hacer durante el día. Pero, ojo al dato, no más de 5 cosas. Y si acabas las 5, date un aplauso y una recompensa.

- **Prioriza.** Dentro de tu lista, identifica qué es crucial y qué es solo ruido. Haz lo crucial primero. Al conseguir pequeños éxitos, te sentirás más capaz y, voilà, tu autoconfianza se disparará.

- **Agenda bloques de tiempo.** Divide tu día en bloques de tiempo para diferentes tareas. No solo para trabajo o estudio, sino también para relajarte y para mover el cuerpo. Moverse también es parte de tener una vida organizada.

> Cuando no tienes un plan claro o no gestionas tu tiempo de manera efectiva, te sentirás abrumado y poco seguro de tu capacidad para lograr tus metas.

- **Tira, dona, guarda.** Para cada cosa que tengas en ese cajón o escritorio, hazte una pregunta simple: ¿esto añade valor a mi vida? Si la respuesta es no, despídete de ella. Dona lo que otros puedan necesitar y tira lo que ya cumplió su función.

- **Consistencia antes que perfección.** Según Salvador Dalí, pintor, escultor, grabador, escenógrafo y escritor español, figura del surrealismo y una de las máximas figuras del siglo XX, "No temas a la perfección, nunca la alcanzarás". No pasa nada si un día no sigues al pie de la letra tu nueva rutina organizativa. Lo crucial es no abandonar. La consistencia te dará esos hábitos sólidos que necesitas para sentirte seguro de ti mismo.

- **Revisión semanal.** Una vez a la semana, revisa cómo te fue. ¿Qué funcionó? ¿Qué no? Ajusta y sigue adelante. Verás cómo cada semana te sientes un poquito más dueño de tu vida y de tu tiempo.

6. Comparación constante

¿Alguna vez te has encontrado diciendo algo como "No soy tan inteligente/competente/exitoso como él o ella"? Bueno, no estás solo en esto.

La comparación constante nos lleva a subestimarnos a nosotros mismos. Cuando nos comparamos con personas que percibimos como más exitosas o talentosas, automáticamente nos ubicamos en una posición de desventaja. Esto mina nuestra autoconfianza y nos hace sentir que nunca estaremos a la altura.

Los 3 peores efectos de compararte

1. Baja autoestima: al compararte constantemente con los demás, desarrollas sentimientos de inferioridad porque sientes que no estás a la altura de lo que otros están logrando. Esto disminuye la autoestima y crea a la larga una percepción distorsionada de tu valía personal.

2. Pérdida de identidad: si siempre te estás midiendo en función de los demás, perderás de vista tus propias metas, deseos y valores. Y, lo peor, es que sin darte cuenta podrías empezar a adoptar objetivos que no se alinean realmente con quien eres, simplemente porque ves que otros están persiguiendo esos mismos objetivos.

3. Enfoque en lo negativo: al compararte solo miras lo que te falta en lugar de apreciar lo que ya tienes. Esto suele llevar a un estado constante de insatisfacción, en el que estás más enfocado en tus carencias que en tus logros y en el progreso que has hecho.

En lugar de compararte con los otros, concéntrate en tu propio progreso y crecimiento. Cada persona tiene su camino, su velocidad personal y sus propias habilidades. Enfócate en ser la mejor versión de ti mismo en lugar de gastar energías en competir con los demás.

7. Perfeccionismo

El perfeccionismo es un enemigo silencioso de la autoconfianza: si te encuentras todo el día tratando de hacer todo de manera perfecta, es probable que nunca te sientas lo suficientemente seguro de ti mismo.

El perfeccionismo nos lleva a establecer estándares imposibles y a ser exageradamente críticos con nosotros mismos. Como resultado, nos sentimos inseguros y nunca estamos satisfechos con nuestros logros.

> Practica la autorreflexión y permítete cometer errores. Aprende a valorar el progreso en lugar de la perfección absoluta. Recuerda que la perfección es un objetivo inalcanzable, y está bien cometer errores en el camino.

Así que cultiva la autocompasión. Trátate a ti mismo con la misma amabilidad y compasión que tratarías a un amigo que está pasando por un momento difícil. Permítete cometer errores y reconoce que eres humano.

8. Críticas externas

Si recibes comentarios desalentadores, tóxicos o destructivos de los demás, es comprensible que eso te haga dudar de tus propias habilidades. Así que aprende a manejar las críticas de manera constructiva.

> No permitas que las opiniones negativas de los demás definan tu autoimagen. En lugar de eso, busca el apoyo de personas que te animen y te respalden.

También, la falta de un sistema de apoyo social sólido es un obstáculo para desarrollar la autoconfianza: si te sientes aislado o careces de amigos y familiares que te respalden, es más probable que te sientas inseguro.

Así que busca conexiones sociales y establece relaciones positivas. Ya más adelante dedico un capítulo entero a este tema. Por los momentos, te adelanto que debes rodearte de personas que te apoyen y te alienten como un impacto significativo en tu autoconfianza.

Nada personal

"No te tomes nada personalmente" es una de las lecciones más valiosas que saqué de uno de mis libros predilectos "Los cuatro acuerdos", del filósofo tolteca Miguel Ruiz.

Lo de no tomarse nada personal es el segundo acuerdo que el sabio nos pide aplicar en nuestra vida diaria: "Suceda lo que suceda a tu alrededor, nos dice, no te lo tomes personalmente. Hagan lo que hagan los demás, no lo hacen por ti: lo hacen por ellos mismos. Digan lo que digan, no se trata de lo que tú eres, sino de lo que ellos son".

Así, cuando alguien te critica de manera destructiva, o te hace la vida cuadritos, en vez de lamentarte e ir a un rincón a lamer tus heridas, recueda tus fortalezas para seguir adelante. Allá los demás con sus humores agrios y sus manzanas envenenadas.

Porque, en el fondo, Ruiz nos invita a agradecer a quien nos pone obstáculos, pues estos nos hacen más fuertes y grandes si tomamos la actitud adecuada.

OBJETIVO ALFA
Escudo contra críticas externas

Este ejercicio te ayudará a manejar críticas externas que pueden afectar tu autoconfianza. La clave es aprender a filtrar lo útil de lo dañino y a reenfocar tu mente hacia un desarrollo positivo.

1. **Escribe la crítica.** En una hoja escribe la crítica exacta que has recibido. No la endulces ni la exageres. Escríbela tal como la oíste o la leíste.

2. **Identifica la fuente.** ¿Quién hizo esta crítica? ¿Es alguien que tiene experiencia en el área relacionada con la crítica? Esto te ayudará a determinar si la crítica tiene algún mérito. ¿La crítica fue constructiva o destructiva?

3. **Haz una lista de verificación emocional.** ¿Cómo te hizo sentir esa crítica? ¿Herido, enojado, avergonzado? Anota tus emociones inmediatas y examina la crítica de nuevo. ¿Hay algo de verdad en ella que puedas usar para mejorar? ¿O es completamente infundada?

4. **Haz un plan de acción.** Si encontraste algo útil en la crítica, actúa para abordar esa área. Si la crítica no tiene fundamento y parece ser destructiva, simplemente ignórala.

5. **Busca soporte.** Habla con alguien en quien confíes sobre la crítica. Discutir esto con otro puede darte una nueva perspectiva.

Vuelve a esta hoja cada vez que recibas una crítica y repite el proceso. Con el tiempo, desarrollarás una piel más gruesa y aprenderás a filtrar críticas constructivas de las que buscan minar tu confianza.

VISUALIZA
tu prosperidad

La visualización es como un ensayo mental que prepara tu cerebro para el éxito. Al imaginarte a ti mismo logrando tus metas, no solo creas una especie de "memoria futura", sino que también envías señales positivas a tu mente subconsciente.

Inés es una agente inmobiliaria con años de experiencia pero resultados irregulares. A Inés le encanta la tecnología y siempre está a la vanguardia de las últimas herramientas y estrategias del mercado. Sin embargo, al mirar sus números al final de cada trimestre, se siente como si estuviera atrapada en una montaña rusa emocional y financiera.

Ha invertido en el CRM más avanzado, tiene campañas de Facebook que en teoría deberían llenar su bandeja de entrada con leads y ha diseñado una marca personal tan pulida que incluso un espejo se sentiría avergonzado. Pero sus resultados no reflejan ese esfuerzo e inversión.

Un día, tras otro trimestre frustrante, le comenté a Inés sobre la importancia de la autoconfianza y de la visualización como herramienta para el éxito. Al principio, Inés se siente escéptica. ¿Visualización? ¿Acaso no suena eso a palabrería? Pero la desesperación la lleva a intentarlo.

Esa noche, en la soledad de su apartamento, Inés se sienta en una silla cómoda, cierra los ojos y comienza a visualizarse a sí misma cerrando acuerdos, atrayendo a más clientes y liderando el mercado inmobiliario de su ciudad. Imagina el sonido de la pluma deslizándose sobre el papel, firmas que sellan acuerdos importantes. Siente la adrenalina, el júbilo y, por supuesto, la satisfacción de un trabajo bien hecho.

Durante las siguientes semanas, Inés continúa con su rutina de visualización. Y algo asombroso comienza a suceder. Se da cuenta de que su actitud hacia su trabajo cambia. Ya no es simplemente una búsqueda frenética de la próxima herramienta o estrategia. Ahora, cada acción se siente más enfocada, como si estuviera guiada por un hilo invisible hacia una meta clara y alcanzable.

Empieza a notar cambios palpables en su desempeño. Sus interacciones con los clientes se vuelven más naturales y efectivas. Siente como si una fuerza invisible la estuviera empujando hacia su destino deseado.

Al final del siguiente trimestre, los resultados son innegables. Ha superado todas sus metas anteriores, y lo que es más importante, siente una satisfacción y una autoconfianza que nunca antes había experimentado.

Inés se dio cuenta de que la herramienta más poderosa para el éxito no es el software más sofisticado ni la estrategia de marketing más ingeniosa. Era su mente, su autoconfianza y su capacidad para visualizar el éxito lo que realmente marcó la diferencia.

Ahora, Inés no solo se siente como una agente inmobiliaria exitosa; ella ES una agente inmobiliaria exitosa. Y todo comenzó con cerrar los ojos y ver, realmente ver, lo que era posible.

> Walt Disney dijo "Todos nuestros sueños pueden hacerse realidad si tenemos el coraje de luchar por ellos".

En el camino de la visualización

La mayoría de los agentes inmobiliarios, digamos que el 80 %, está constantemente en la búsqueda de estrategias efectivas. Muchos quieren más leads, herramientas poderosas, campañas de marketing impactantes y una atención al cliente insuperable. Se les ofrece la crema y nata de la tecnología: un CRM de alta calidad, campañas de Facebook optimizadas y una identidad de marca pulida con fotografías profesionales.

Sin embargo, tras toda esa inversión y despliegue de recursos, muy a menudo descubren que los resultados que obtienen están por debajo de sus expectativas. ¿Qué ha pasado? ¿Por qué sucede esto?

La respuesta es sencilla: falta de autoconfianza y sobre todo, falta de una visión clara. Tener las mejores herramientas del mundo no sirve de nada si no crees en ti mismo y en tu capacidad para lograr tus objetivos.

Aquí es donde entra la visualización, una técnica poderosa que marca una diferencia radical en tu nivel de autoconfianza y, en tus resultados.

La visualización no es mera fantasía; es un ejercicio mental en el que te ves a ti mismo logrando tus metas, experimentando el éxito y superando los desafíos. Este acto aparentemente simple tiene el poder de fortalecer tu confianza y alinear tu mente y emociones con tus objetivos.

Pero, ¿por qué es tan crucial la visualización para ganar confianza en ti mismo?

1. Primero, te permite crear un mapa mental claro de dónde quieres llegar. Un destino sin un mapa es solo un deseo, pero con un plan, se convierte en una meta alcanzable.

2. Segundo, la visualización actúa como un ensayo mental, preparándote para situaciones que todavía no has enfrentado. Con esta actitud te aclimatas a la idea del éxito y, cuando llega el momento, te sientes más cómodo y seguro en tu ejecución.

Pasos para visualizar

La visualización como herramienta de empoderamiento personal no es magia, es pura ciencia psicológica, y te voy a guiar paso a paso para que le saques el máximo provecho:

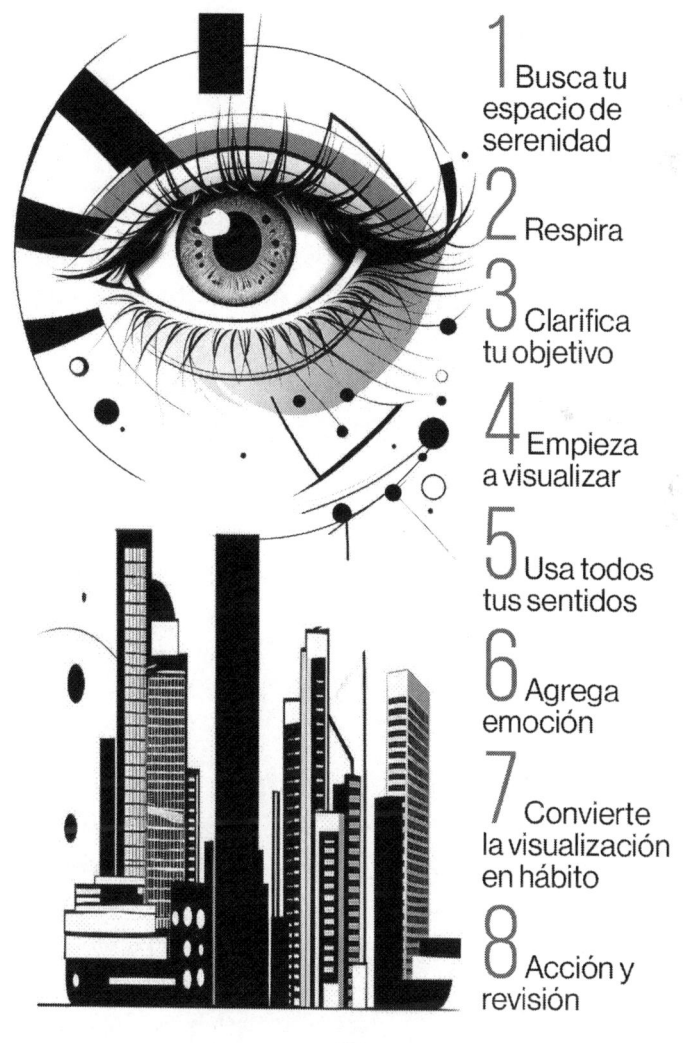

1. Busca tu espacio de serenidad
2. Respira
3. Clarifica tu objetivo
4. Empieza a visualizar
5. Usa todos tus sentidos
6. Agrega emoción
7. Convierte la visualización en hábito
8. Acción y revisión

1. Encuentra tu espacio de serenidad

Primero, busca un lugar tranquilo donde no te interrumpan. Podría ser tu habitación, un rincón en un parque, o incluso el asiento trasero de tu auto. Lo importante es que te sientas cómodo y relajado.

Para Inés, nuestra agente inmobiliaria de éxito, ese lugar era su sillón favorito en su apartamento, con las luces tenues y una vela aromática encendida.

2. Respira

Una vez que encuentres tu lugar, toma unos minutos para centrarte en tu respiración. Inhala profundamente por la nariz, mantén la respiración unos segundos y exhala por la boca. Repite esto un par de veces.

Al concentrarte en tu respiración, estás ayudando a tu mente a despejarse y preparándola para el proceso de visualización.

3. Clarifica tu objetivo

Antes de sumergirte en la visualización, ten un objetivo claro en mente. Podría ser un nuevo trabajo, una habilidad que quieras aprender, o en el caso de Ines, cerrar más ventas en su agencia inmobiliaria. Este objetivo te dará un marco sobre el cual construir tu escenario de visualización.

4. Empezar a visualizar

Cierra los ojos e imagina que estás viviendo la situación que representa tu objetivo. Aquí es donde te conviertes en el director de tu propia película mental. Imagina cada detalle, desde los olores y sonidos hasta las emociones que sientes.

Si tu objetivo es cerrar más ventas o emprender un negocio, visualízate dándole un apretón de manos a un cliente satisfecho, el sonido del teléfono sonando con una oferta aceptada, la emoción que sientes al cerrar un trato exitoso.

5. Usa todos tus sentidos

La visualización se vuelve más efectiva cuando incorporas todos tus sentidos. No solo imagines cómo se ve la situación, sino cómo se siente, huele y suena.

Inés se imaginaba el olor de café recién hecho en una casa que acababa de vender, el tacto de la pluma mientras firmaba un contrato, el sonido de la risa y la charla de clientes satisfechos.

6. Agrega emoción a la ecuación

Además de emplear tus sentidos, infunde emoción en tu visualización. Imagina la satisfacción, el alivio, la felicidad, o incluso la euforia que sentirás al alcanzar tu objetivo.

Esta emoción actúa como un imán que atrae esos escenarios positivos hacia tu realidad.

7. Convierte la visualización en un hábito

La clave del éxito en la visualización es la repetición. Hazlo parte de tu rutina diaria, incluso si solo tienes cinco minutos para dedicarle. ¿Sabías que Michael Jordan, uno de los mejores jugadores de baloncesto de todos los tiempos, usaba la visualización antes de cada partido? Imaginaba cada movimiento, cada tiro al aro, cada defensa, y sabemos ¡lo bien que le funcionó!

8. Acción y revisión

Finalmente, el proceso de visualización no está completo sin acción. Usa la energía y la motivación que obtuviste de tu sesión de visualización para tomar medidas concretas que te acerquen a tu objetivo. Al final del día, repasa lo que has logrado y cómo se relaciona con tu visualización.

Para que te hagas una idea, Inés empezó a llevar un registro diario de su desempeño en el trabajo. Después de sus sesiones de visualización, estaba más enfocada y podía identificar con claridad las acciones necesarias para cerrar ventas. Al revisar su progreso, se dio cuenta de lo cerca que estaba de convertir su visualización en una realidad.

> **OBJETIVO ALFA**
> **Visualiza en todo momento**
>
> La visualización es una técnica tan versátil que puedes practicarla casi en cualquier lugar y momento. Aquí tienes algunas ideas para integrarla en tu rutina diaria, sin importar si estás en el automóvil, en la ducha o esperando en una cola.
>
> - **En el automóvil.** Aprovecha los momentos en los que tienes que detenerte en un semáforo para cerrar los ojos brevemente (siempre que sea seguro hacerlo) y visualizar un objetivo pequeño para el día. También, graba afirmaciones o escenarios específicos relacionados con tus objetivos y escúchalos mientras conduces. Así puedes realizar una especie de "visualización auditiva".

- **Durante la ducha.** Deja que el agua corra por tu cuerpo y visualiza que te está limpiando de todas las preocupaciones y tensiones. Imagina que, cuando sale el agua por el desagüe, también se van tus limitaciones. Cada gota que te golpea puede representar una idea o un pequeño éxito. Imagina que te estás llenando de energía positiva y confianza con cada gota que te toca.

- **En la fila del supermercado o en la sala de espera.** Utiliza este tiempo para practicar la respiración profunda, y mientras lo haces, visualiza tu mejor versión logrando todo lo que te propones.

- **Durante el ejercicio.** Si sales a correr o andar en bicicleta, usa ese tiempo para imaginar que estás avanzando hacia tus objetivos. Cada paso o pedalada te acerca más a lo que deseas. O mientras levantas pesas o haces cualquier otra forma de ejercicio, visualiza tus músculos creciendo, tu resistencia aumentando o cualquier otro objetivo de salud que tengas.

- **Antes de dormir.** Antes de quedarte dormido, visualiza cómo te gustaría que fuera tu día ideal mañana. Imagina cada tarea que completas exitosamente y cómo te sentirías al hacerlo. Elige un objeto en tu habitación para concentrarte mientras visualizas, ya sea una foto, un objeto significativo o incluso una frase escrita. Visualízate alcanzando tus objetivos cada vez que lo mires antes de cerrar los ojos para dormir.

AUTOPERCEPCIÓN: lo que piensas de ti modela tu mundo

La imagen que tienes de ti mismo se convierte en el arquitecto de tu destino, influyendo en cómo te relacionas con los demás y en el logro de tus aspiraciones.

¿Te has detenido alguna vez a pensar en cómo te sientes respecto a ti mismo? No me refiero a si te sientes guapo o si te gustan tus zapatos nuevos. Me refiero a cómo te valoras en tu interior.

Imagínate que te levantas una mañana, te miras al espejo y piensas: "Soy valioso, soy capaz y merezco lo mejor". Ya desde el principio, tu día tiene otra energía, ¿verdad? Te sientes con ánimo para conquistar el mundo.

Cuando te ves a ti mismo así, caminas distinto, hablas con más seguridad y enfrentas los desafíos con otra actitud.

TRIÁNGULO ALFA

> Cuando te presentas al mundo de esta manera, la gente lo nota. Es como si llevaras un letrero invisible que dice: "Creo en mí mismo, y tú deberías hacerlo también". ¡Y la gente lo hace!

Empiezan a tratarte como a alguien que tiene algo valioso que ofrecer. Te brindan más oportunidades y te escuchan con más atención. Es un círculo virtuoso; tu autoconfianza genera más confianza y respeto de los demás, lo que a su vez refuerza tu autoestima.

Entonces, ¿por qué no empezar hoy mismo? Haz un pequeño experimento. Trátate a ti mismo como la persona valiosa y capaz que eres. Notarás cómo eso cambia no solo tu día sino quizá muchas cosas más. Y recuerda, este principio es tan cierto en el trabajo, en la escuela, en tus relaciones, en absolutamente todo. La confianza empieza en ti y resuena en todo lo que te rodea.

Prepárate para un día lleno de confianza

La autopercepción es el conjunto de ideas, pensamientos y creencias que tienes sobre ti mismo. Es cómo te ves, no solo físicamente, sino también en términos de tus habilidades, tu valor y tu lugar en el mundo.

Uno de mis libros de cabecera se llama "La Confianza en práctica", de Keith Johnson, autor de varios libros sobre desarrollo personal, un invitado habitual en televisión y coach de éxito.

Allí Johnson hace énfasis en cómo te ves a ti mismo marca la diferencia en tu nivel de autoconfianza: si te ves como alguien valioso, capaz y digno, es más probable que los demás también lo harán.

Pero la mayoría de la gente se levanta en las mañanas, piensa en problemas y buscando soluciones se deprimen en vez de buscar algo que los inspire y que sea el combustible necesario para salir de lo común hacia lo extraordinario.

Es una verdad a gritos: tu actitud matutina determina la altitud a la que vas a llegar. Zig Ziglar, reconocido autor y orador motivacional, lo dijo claramente: "Tu actitud, no tu aptitud, determinará tu altitud".

Así que, dejemos a un lado ese café con una doble dosis de estrés y angustia y empecemos a recargar las pilas con un desayuno de autoconfianza. ¿Vamos allá?

Gánale a la mañana

¿Has escuchado esa frase que dice "el que madruga, Dios lo ayuda"? Bien, aquí hay un giro: el que madruga también se ayuda a sí mismo. No es necesario que te conviertas en un madrugador extremo, pero levántate un poco antes que el resto de tu casa o incluso antes que el sol.

Así tendrás tiempo para ti mismo, para ordenar tus pensamientos, para prepararte mentalmente para el día que tienes por delante. En mi conferencia "Ganar a tus mañanas", hablo sobre cómo esto puede cambiar tu vida.

Meditación y reflexión

Al despertar temprano, dedica unos momentos a meditación o reflexión. Si eres creyente, puedes orar o hablar con un poder superior. Pero incluso si no lo eres, tomarte ese momento para respirar profundo, para cerrar los ojos y visualizar tu día, hace maravillas.

Aquí hay algo que hago: la noche anterior, reviso mi calendario para el día siguiente. Sé qué reuniones tengo, qué tareas necesito completar. Entonces, durante mi meditación, me visualizo haciéndolo todo con éxito. Esto elimina un montón de ansiedad y me prepara para enfrentar el día.

OBJETIVO ALFA

Aceptación radical y autoconfianza

Este ejercicio se basa en las ideas de Tara Brach en su libro "Radical Acceptance". El objetivo practicar la atención plena y la autoaceptación para fomentar una mentalidad de crecimiento y autoconfianza:

1. **Momento de atención plena.** Encuentra un lugar tranquilo y siéntate cómodamente. Cierra los ojos y concéntrate en tu respiración durante unos minutos. Esto te ayudará a estar presente.

2. **Identifica tus pensamientos y sentimientos.** Abre los ojos y escribe en un papel los pensamientos y sentimientos que te vienen a la mente. No los juzgues, simplemente anótalos.

3. **Autoevaluación de imperfecciones.** Haz una lista de 3-5 imperfecciones o debilidades que sientas que tienes. Podría ser la procrastinación, la inseguridad en ciertas habilidades, etc.

4. **Aceptación radical.** Ahora, mira esa lista y di en voz alta: "Acepto estas partes de mí". Reconoce que estas imperfecciones son parte de lo que te hace humano y que está bien tenerlas.

5. **Mentalidad de crecimiento.** Para cada imperfección listada, escribe una acción específica que puedas tomar para mejorar en ese área. Esto te mostrará que, aunque aceptas tus imperfecciones, también estás dispuesto a crecer y mejorar.

6. **Práctica de atención plena diaria.** Dedica unos minutos cada día para practicar la atención plena. Podría ser a través de la meditación, una caminata consciente o simplemente prestando plena atención a una tarea.

Ejercicio: más que sudar

Luego de tu tiempo de meditación, saca tiempo para hacer ejercicio. No estamos hablando de entrenar para un triatlón aquí. Un simple paseo matutino, un poco de yoga o una rápida sesión de calistenia puede hacer maravillas.

> El ejercicio libera endorfinas, esas pequeñas sustancias químicas del cerebro que nos hacen sentir bien, y literalmente, nos ponen en marcha.

Lo que haces con tu cuerpo no solo tiene un impacto en tu bienestar físico sino también en tu nivel de autoconfianza. Desde la postura hasta la alimentación, cada pequeño detalle cuenta.

Una buena postura no solo te hace parecer más seguro, sino que también afecta positivamente tu estado mental. Del mismo modo, una dieta equilibrada te da la energía que necesitas para enfrentar el día con entusiasmo y vigor.

Desconexión digital

Esos primeros momentos del día son sagrados. Así que evita las tentaciones digitales. Nada de correos electrónicos, nada de redes sociales, nada de noticias. Este es tu momento para calibrar tu ser interno antes de enfrentar el ruido del mundo exterior.

Viste como si ya hubieras llegado a tu meta

Claro, es fácil quedarse en pijamas todo el día si trabajas desde casa, pero ¿de verdad eso te ayuda a sentirte como un ganador? Un buen amigo mío siempre me dice: "Tu ropa habla sobre hacia dónde vas en la vida". Así que saca ese conjunto que te hace sentir como un millón de dólares y vístete para el éxito.

Según el libro "Secret of Style", vestirse no es solo una cuestión de gustos personales; es una estrategia para mostrar al mundo que te sientes confiado y preparado.

OBJETIVO ALFA

Para subir esa autoconfianza

Si practicas estos hábitos con regularidad, te darás cuenta de que tu nivel de autoconfianza se disparará por las nubes.

- **Empieza la noche anterior.** Antes de acostarte, escribe en una libreta las tres cosas más importantes que tienes que hacer al día siguiente. No solo te ayuda a organizarte, sino que también te da un propósito claro al despertar.

- **Crea una lista de reproducción inspiradora.** Música que te levanta el ánimo y te carga de energía. Escúchala mientras te vistes o durante tu rutina de ejercicios.

- **Habla contigo mismo.** Sí, en serio: un diálogo interno positivo mientras te preparas por la mañana puede cambiar completamente tu estado de ánimo. Elogia tus logros, por pequeños que sean, y motívate para los desafíos que tienes por delante.

¡Da el PRIMER PASO!

Concluyo esta primera sección del Triángulo Alfa, centrada en la construcción de la autoconfianza, subrayando el paso crucial que debes tomar para transformar tu vida desde esta nueva óptica de seguridad en ti mismo.

Leo estaba siempre ocupado. Entre reuniones, llamadas de ventas y presentaciones, apenas tenía tiempo para respirar. Era un vendedor de talento, conocido en su empresa por su carisma y su facilidad para relacionarse con la gente. Pero detrás de esa fachada de éxito, había un hombre paralizado por el miedo de tomar un gran primer paso.

Todos los días, al final de su jornada laboral, Leo se sentaba frente a su computadora y miraba fijamente una carpeta en su escritorio virtual etiquetada como "Proyecto

Emprendedor". Dentro de esa carpeta había documentos, gráficos y todo un plan de negocios para su propio emprendimiento en línea.

> Pero cada vez que movía el cursor para hacer doble clic en la carpeta, algo dentro de él se contraía.

"No estoy listo", pensaba Leo. "Si lo intento y fracaso, ¿qué será de mí? ¿Qué dirán mis colegas, mi familia, mis amigos?". Así que, día tras día, evitaba abrir la carpeta y se sumergía en el trabajo para su empleador, donde se sentía seguro y valorado.

Una tarde, después de otra venta exitosa, hablamos por un momento. "Leo, eres un vendedor increíble", le dije. "Pero parece que te estás estancando. ¿Has pensado en dar el siguiente paso en tu carrera?"

Esas palabras resonaron en Leo durante toda la noche. Al día siguiente, por primera vez en meses, abrió la carpeta de su "Proyecto Emprendedor". Pasó horas revisando cada documento, cada gráfico, cada palabra que había escrito. "Si soy tan buen vendedor, ¿por qué no puedo vender mi propio sueño?", se preguntó.

Al día siguiente, decidió hablar de nuevo conmigo. "Lo más difícil es dar el primer paso, Leo", le comenté. "Pero una vez que lo haces, el camino se despeja un poco más. Tienes que confiar en ti mismo y en tus habilidades. No se trata de no tener miedo; se trata de actuar a pesar del miedo."

> Inspirado y con una renovada sensación de urgencia, Leo volvió a su "Proyecto Emprendedor".

Esta vez no solo lo revisó, sino que dio el primer paso concreto: registró el dominio para su tienda en línea. No era un gran paso, pero era un comienzo, una acción que rompía la inercia de meses de indecisión.

A medida que las semanas pasaban, Leo empezó a dedicar más tiempo a su proyecto personal. Tomó cursos en línea para llenar los vacíos en su conocimiento, estableció una estrategia de marketing y se acercó a posibles inversores. Cada pequeño paso le daba más confianza y disipaba un poco más su miedo inicial.

Al cabo de unos meses, Leo finalmente lanzó su emprendimiento en línea. Fue un inicio modesto, pero cada venta, cada interacción con un cliente, cada pequeño éxito se sentía como una validación de su capacidad y un impulso para su autoconfianza.

Al mirar atrás, Leo se dio cuenta de que el primer paso había sido, de hecho, el más crítico. No porque fuera el más grande o el más difícil, sino porque había roto la parálisis que lo mantenía estancado. Y en ese proceso, no solo había descubierto un nuevo camino para su carrera, sino que también había encontrado una nueva versión de sí mismo: un Leo más valiente, más seguro y, sobre todo, más libre.

TRIÁNGULO ALFA

Rompe el ciclo de la inacción

La inacción es una criatura que se alimenta de dudas, temores y, por qué no decirlo, de pura comodidad. ¿Te suena? Estás en el punto de partida, ¿pero no sabes cómo pisar el acelerador? Ya te doy una ruta para comenzar:

RUTA PARA SALIR DE LA INACCIÓN

| Identifica la raíz del problema | Desmenuza tus objetivos | Fija un plazo | Hazlo público | Actúa, no pienses | Evalúa y ajusta |

Paso 1: Identifica la raíz del problema

Lo primero que tienes que hacer es entender qué te detiene. Sí, sé que suena a terapia barata, pero en serio, ¿cuál es ese muro invisible que te impide avanzar? Puede ser miedo al fracaso, perfeccionismo o incluso miedo al éxito. Una vez que lo sepas, ya tendrás un punto de partida.

Paso 2: Desmenuza tus objetivos

Es fácil sentirse abrumado cuando miras la montaña desde la base. Pero, ¿y si en lugar de ver un pico inalcanzable, ves una serie de colinas más pequeñas? Desglosa tus metas en tareas más pequeñas y manejables. Así, cada pequeño logro será como una bocanada de aire fresco en tu viaje al éxito.

Paso 3: Fija un plazo

Nada como un buen límite de tiempo para salir de la inercia. Asigna una fecha específica para alcanzar cada pequeño objetivo. Hazlo realista, por supuesto, pero suficientemente ajustado para que te mantenga en movimiento.

Paso 4: Hazlo público (si te atreves)

Contarle a alguien más sobre tus objetivos tiene dos beneficios: te hace responsable y te da una red de apoyo. No hace falta que publiques tus metas en las redes sociales; con contárselo a un amigo o familiar de confianza, es más que suficiente.

Paso 5: Actúa, no pienses

Este es el meollo del asunto. Ya has hecho la tarea mental; ahora es hora de pasar a la acción. No te detengas demasiado en los detalles. Haz esa llamada, escribe ese correo, inscríbete en ese curso. Lo que sea, pero hazlo. No hay análisis que valga; llega un punto en que pensar se convierte en una forma sofisticada de procrastinar.

Paso 6: Evalúa y ajusta

Después de haber dado algunos pasos, aunque sean pequeños, detente y observa qué has conseguido. Si has progresado, date una palmadita en la espalda. Si no, averigua qué salió mal. Pero no uses esto como una excusa para volver a la inacción. Ajusta tu estrategia y sigue avanzando.

> El primer paso es siempre el más intimidante, pero también el más liberador. Y en el caso de Leo, fue el inicio de una nueva etapa de su vida, una donde su potencial finalmente se convirtió en acción

OBJETIVO ALFA
"El cultivo de acción"

Cada acción que tomas es como cuidar una planta que simboliza tu autoconfianza y crecimiento. Sin acción, la planta se marchita; con acción, florece.

- **Elegir la maceta (Definir la tarea):** al inicio del día, elige una tarea específica que hayas estado postergando o evitando. Esta tarea será tu "semilla" que deseas cultivar. Puede ser algo sencillo, como ordenar un espacio de tu casa, hacer esa llamada que has estado evitando o comenzar un proyecto pequeño.

- **Plantar la semilla (Compromiso):** anota la tarea en un lugar visible para recordarte a lo largo del día tu compromiso. Al escribirlo, estás "plantando" tu semilla de acción.

- **Regar la planta (Actuar):** dedica tiempo específico del día para llevar a cabo esa tarea. Imagina que al hacerlo, estás regando tu planta, permitiéndole crecer y fortalecerse. No permitas que termine el día sin haber "regado" tu planta.

- **Sol y nutrientes (Reflexión y reconocimiento):** reconoce tu esfuerzo y lo que has logrado. Esta reflexión es como darle sol y nutrientes adicionales a tu planta, fortaleciendo su crecimiento.

- **Observar el crecimiento (Progresión):** Repite este ejercicio diariamente, agregando gradualmente tareas más desafiantes a medida que sientas que tu "planta" se fortalece y crece.

2

Mentalidad GANADORA

Bienvenido al emocionante bloque de capítulos que se sumergen en el corazón de desarrollar una mentalidad ganadora. Aquí profundizaré en las herramientas y estrategias para transformar no solo tu forma de pensar, sino también tu vida entera.

Anatomía de una MENTALIDAD GANADORA

No se trata solo de querer ganar, sino de esperar ganar, de vivir con la certeza de que cada obstáculo es simplemente un escalón más en tu camino hacia la cima.

P ermíteme contarte mi historia, una que inició en el mundo corporativo de Puerto Rico. Durante años, me desempeñé como ejecutivo en una sólida corporación pública. Sin embargo, llegó un momento en el que sentí la necesidad de dar un giro en mi vida, un giro que me llevaría de ser un empleado seguro a aventurarme como empresario.

El temor de no tener suficiente al final de cada mes se convirtió en una sombra persistente. La seguridad de un salario fijo ya no estaba presente, y ahora dependía de mí salir a buscarlo. Los primeros meses de mi nuevo negocio los vivía de una manera similar a cómo trabajaba antes. Mi mente seguía enfocada en el próximo cheque y en cómo lo gastaría. Era un ciclo que no parecía llevarme a ningún lado.

Hasta que un día, algo hizo clic en mi mente. Me dije a mí mismo: "Soy un empresario". Las empresarios no solo trabajan, tienen un plan de trabajo. Tienen una visión a largo plazo y objetivos a corto plazo. Me di cuenta de que necesitaba establecer metas financieras claras y comenzar a ejecutar ciclos. Fue entonces cuando las cosas empezaron a cambiar en mi interior.

> A medida que adopté esta nueva mentalidad ganadora, comencé a trazar un camino claro hacia mis metas.

Ya no me limitaba a pensar en el siguiente cheque, sino que veía el panorama general y me enfocaba en cada paso necesario para alcanzarlo. Cada ciclo de trabajo se volvió una oportunidad de crecimiento y aprendizaje.

Qué es una mentalidad ganadora

Puede ser que el miedo inicial no desapareciera por completo, pero ahora estaba acompañado por la visión y la determinación de un futuro más brillante. Aprendí que el cambio de mentalidad es como un suiche que nos abre la puerta para el éxito como empresario.

Ahora vayamos al grano: quieres triunfar en la vida, ¿verdad? Eso no sucederá por accidente; necesita un plan, acción y, sobre todo, la mentalidad correcta. Henry Ford, fundador de la Ford Motor Company, resalta la importancia de la mentalidad con su declaración: "Si piensas que puedes hacer algo o piensas que no puedes hacerlo, tienes razón".

Estamos hablando de una mentalidad ganadora, ese chip interno que convierte las adversidades en oportunidades y los problemas en retos por resolver. ¿Qué te parece si descubrimos cómo adoptar esta mentalidad y llevarla contigo a todas partes?

> Va más allá de un simple optimismo. Es la mentalidad que te hace ver un fracaso no como un punto final sino como una lección valiosa que te lleva un paso más cerca del éxito.

¿Qué considero una mentalidad ganadora? No, no se trata de ganar a toda costa ni de aplastar a tus competidores. Una mentalidad ganadora se trata de una disposición mental que te enfoca en el crecimiento, en aprender, en afrontar desafíos y en ser resiliente ante las adversidades.

Características clave de una mentalidad ganadora

En este mundo cada vez más competitivo, contar con habilidades y talento ya no es suficiente para destacar y abrirse camino a la prosperidad. Necesitas ese algo extra que te haga persistir cuando otros se rinden, que te haga aprender de tus errores en lugar de sumirte en la autocompasión y, en el peor de los casos, paralizarte.

> Una mentalidad ganadora no se desarrolla de la noche a la mañana. Requiere esfuerzo, autodisciplina y, por supuesto, voluntad para el cambio.

Cuando alguien tiene una mentalidad ganadora, no importa si pasa por los baches naturales de la vida, porque entiende que esos baches le enseñarán a saltar más alto y que estará mejor preparado para lo que viene.

Es decir, asumen las dificultades como un proceso por el que está pasando y que debe de vivir al máximo. Porque sabe que allí encontrarás experiencia y personas valiosas que llegan a su vida, que de otra manera no hubiera podido experimentar o compartir

Esta actitud se desprende de las características habituales que tiene una persona con mentalidad ganadora, veamos:

QUÉ TIENE UNA MENTALIDAD GANADORA

- Visión a largo plazo
- Resiliencia
- Curiosidad y deseo de aprender
- Autodisciplina
- Actitud positiva
- Flexibilidad

- **Visión a largo plazo.** Las personas con mentalidad ganadora tienen metas a largo plazo y las dividen en pequeños pasos manejables.

- **Resiliencia.** Enfrentarás obstáculos, de seguro, pero la resiliencia te ayuda a levantarte cada vez que caigas. Esta es la pasta de la que están hechos los campeones y las personas Alfa.

- **Curiosidad y deseo de aprender.** No basta con saber lo que ya sabes. Una mentalidad ganadora busca aprender algo nuevo, entender más y ampliar horizontes.

- **Autodisciplina.** Talento sin disciplina es como un Ferrari sin gasolina. Necesitas la autodisciplina para practicar, mejorar y finalmente, triunfar.

- **Actitud positiva.** Quien tiene mentalidad ganadora asume una actitud positiva incluso cuando las cosas no van bien. Esa chispa enciende la voluntad para seguir adelante.

- **Flexibilidad.** La rigidez es peor enemigo de una mentalidad ganadora. Debes ser flexible para adaptarte a situaciones cambiantes sin perder de vista tus objetivos.

Si miras cualquier historia de éxito, sabrás que detrás de cada logro hay una mente ganadora trabajando en segundo plano. Esa mentalidad es la base sobre la que se construye todo lo demás: habilidades, experiencias y oportunidades.

OBJETIVO ALFA
Cómo cultivar una mentalidad ganadora

- **Haz un inventario de ti mismo.** Haz una lista de tus fortalezas y debilidades. Este ejercicio de autoconciencia te ayudará a saber en qué debes mejorar y qué debes explotar.

- **Rodéate de positividad.** Mantén cerca a personas que te impulsen a ser mejor. La energía negativa es contagiosa, pero la positiva también.

- **Ten un modelo a seguir.** Identifica a alguien que admire y estudia cómo llegaron a donde están. Aprende de sus aciertos y sus errores.

EL TRÍO DORADO:
Fe, disciplina y constancia

Fe, disciplina y constancia son el cimiento sólido para una mentalidad ganadora y el éxito en la vida. Juntos, estos tres elementos crean una sinergia que transforma ambiciones en éxitos palpables.

O prah Winfrey nació en la pobreza rural de Mississippi, hija de una madre soltera y sin muchas perspectivas para un futuro brillante. Pero desde su infancia, Oprah tenía algo que la distinguía: una inquebrantable fe en sí misma. No en un poder superior, aunque eso también estaba presente, sino en su capacidad para cambiar su destino.

Aun en los días más oscuros, Oprah sentía que estaba destinada para grandes cosas. ¿Ridículo? Para muchos lo sería, pero no para ella.

La fe necesitaba un compañero, y esa fue la disciplina. Oprah era extraordinariamente disciplinada en su educación. A pesar de las dificultades económicas y la falta de acceso a buenos recursos educativos, se las arreglaba para leer todo lo que caía en sus manos.

Era la estudiante más diligente, obtenía becas y se abría camino hasta la Universidad Estatal de Tennessee. Para Oprah, la educación era su billete hacia un futuro mejor, y estaba decidida a aprovecharlo al máximo.

Pero todo viaje tiene sus baches. En su primer trabajo en los medios, fue despedida de su puesto como presentadora de noticias por ser "no apta para la televisión".

Sin embargo, su fe se mantuvo firme. Con el tiempo, aterrizó un trabajo en un talk show de bajo rating en Chicago. Aquí es donde entra el tercer componente de nuestro Trío Dorado: la constancia.

Oprah no solo mantuvo el trabajo, sino que lo convirtió en un trampolín para mayores cosas. Con su empatía natural y su capacidad para conectar con la gente, transformó ese pequeño programa en el "Oprah Winfrey Show", un espectáculo que finalmente llegó a más de 40 millones de personas en los Estados Unidos y en más de 150 países en todo el mundo.

Pero para mantenerse allí, tuvo que ser constante. No era solo cuestión de tener una temporada exitosa; había que hacerlo año tras año, desafío tras desafío.

La adversidad no dejó de golpear a sus puertas. Se enfrentó a escrutinio público, demandas legales y críticas por todos lados. Pero su fe, disciplina y constancia le permitieron superar cada obstáculo. Cuando los críticos decían que su canal OWN estaba condenado al fracaso, se mantuvo firme. Lo reestructuró, tomó decisiones audaces y, sí, lo convirtió en un éxito.

El trío que no puede faltar

Si analizas la vida de Oprah, todo se reduce a esos tres elementos: la fe que la elevó, la disciplina que la mantuvo en el camino y la constancia que la ayudó a seguir adelante, independientemente de los desafíos:

1. **Fe**
2. **Disciplina**
3. **Constancia.**

1. Fe

Cuando trabajas impulsado por la fe, las oportunidades comienzan a presentarse y las bendiciones no tardan en llegar. No es solo cuestión de hacer las cosas, sino de enriquecer la vida de los demás con tus acciones y palabras. Adopta este enfoque y verás cómo tus esfuerzos se alinean con un propósito más elevado.

> "Y todo lo que hagáis, hacedlo de corazón, como para el Señor y no para los hombres." Colosenses 3:23

Yo mismo me muevo por fe, y estoy seguro de que tú también tienes algo en lo que crees profundamente. En mi caso, esa fe está cimentada en mis creencias religiosas, en mi relación con Dios. Pero cuando hablo de fe, me refiero a algo que no cambiaría por nada en el mundo y que defendería hasta el final.

Tu primera fe debe estar en el proyecto de vida que has elegido para ti mismo. Si has soñado con ser, digamos, un agente inmobiliario, entonces lánzate de lleno en esa dirección. Ten la certeza de que a través de ese proyecto no solo te desarrollarás como profesional, sino que también lograrás tus metas personales. Crees en ello, y por eso harás todo lo necesario para que se materialice.

Si no tienes fe en lo que estás haciendo y solo estás en tu proyecto como un "plan B" para ver qué sucede, entonces tienes muchas probabilidades de formar parte del 86% que fracasa en menos de un año. La fe no es solo una palabra; es la fuerza que te empuja a crecer, a prosperar y a transformar no solo tu vida sino también la de quienes te rodean.

OBJETIVO ALFA
Aumento de fe en 5 pasos

Aquí tienes un ejercicio práctico diseñado para fomentar o aumentar tu fe. No hablo necesariamente de fe en el sentido religioso, aunque podría aplicarse de esa manera si eso es importante para ti. Hablo de fe en ti mismo, en tus capacidades y en el universo que te rodea.

- **Identifica el objeto de tu fe.** Podría ser un objetivo a largo plazo, un cambio en tu vida o simplemente en tu habilidad para enfrentar los desafíos diarios. Anótalo en un papel o en una nota digital.

- **Recolección de evidencias.** Haz una lista de momentos en los que superaste obstáculos, lograste metas o simplemente te sorprendiste a ti mismo con lo que eras capaz de hacer. Esta lista servirá como tu "historial de éxito" que puedes consultar cuando necesites un impulso de fe.

- **Acción alineada.** Haz al menos una pequeña acción cada día que te acerque al objeto de tu fe. Quizá investigar algo relacionado con tu objetivo, hacer una tarea relacionada con él o practicar una habilidad que necesitas para alcanzarlo.

La fe se construye y se fortalece con la acción. Cada pequeño paso que tomes aumentará tu confianza y fe en ti mismo. Y cada vez que te enfrentes a la duda, vuelve a este ejercicio y a tus registros para recordarte a ti mismo de lo que eres capaz.

2. Disciplina

Michael Jordan no siempre fue "Su Majestad del Aire". Antes de convertirse en una leyenda del baloncesto, antes incluso de poner un pie en la NBA, era un joven que no fue aceptado en el equipo de baloncesto de su escuela secundaria. Pero si algo caracterizó a Michael desde el principio, fue su férrea disciplina.

A las 5 a. m., mientras la mayoría dormía, Michael se levantaba. Sin pereza, se ponía sus zapatos deportivos y comenzaba su ritual diario. Primer acto del día: una serie de tiros libres y ejercicios de dribbling en una cancha local vacía. Podía estar lloviendo o caer la nieve del cielo de Carolina del Norte, pero eso a él no le importaba.

Después del entrenamiento matutino, asistía a clases y cumplía con sus deberes académicos. Sin embargo, su mente siempre estaba en el baloncesto. Al terminar la jornada escolar, se dirigía nuevamente al gimnasio para la práctica con el equipo. Y aquí es donde su disciplina realmente brillaba.

Mientras que los demás jugadores quizás se relajaban una vez terminada la práctica, Michael se quedaba horas extras, practicando tiros desde distintas posiciones, perfeccionando su defensa, ajustando su técnica.

> Para él, la práctica no terminaba hasta que cada músculo gritaba de cansancio, y aún entonces, se obligaba a hacer unas cuantas repeticiones más.

Tantos años después, cuando las hazañas de Michael Jordan en la cancha se han convertido en leyenda, es fácil olvidar que detrás de cada salto, cada enceste y cada título, había horas y horas de sacrificio y disciplina. Él mismo lo diría en múltiples ocasiones: el talento gana juegos, pero el trabajo en equipo y la inteligencia ganan campeonatos.

Suena a castigo de colegio, pero te aseguro que la disciplina es el elemento infaltable que transforma los sueños en logros palpables. Y es que una mentalidad ganadora no se cultiva en el campo de las excusas ni en el jardín de la complacencia.

> La disciplina es el suelo fértil donde germina el árbol del éxito.

Jean Prouvé, diseñador y arquitecto francés, pionero en el uso del acero y aluminio en la arquitectura, afirmó que "El éxito no se logra sólo con cualidades especiales. Es sobre todo un trabajo de constancia, de método y de organización". Ahora, no me malinterpretes. No estoy hablando de una disciplina militar o monástica. Estoy hablando de una autodisciplina consciente y liberadora que te permite alcanzar tus objetivos.

La disciplina es, en esencia, el acto de decidirte por un objetivo y mantener tu foco y esfuerzo en él, independientemente de las distracciones o tentaciones. Es esa habilidad de resistir el pastel de chocolate cuando te has comprometido a una dieta saludable. O de levantarte temprano para trabajar en tu proyecto, aunque la cama te llame seductoramente.

OBJETIVO ALFA
Elimina las distracciones

Este ejercicio te ayudará a ser más eficiente en cualquier cosa que te propongas. En primer lugar, ten a mano un temporizador o una app de cronómetro en tu teléfono, así como un cuaderno o una aplicación de notas para registrar tus observaciones.

- Antes de comenzar tu tarea, prepara tu espacio de trabajo para eliminar distracciones visuales y sonoras, desde cerrar pestañas innecesarias en tu navegador, apagar las notificaciones en tu teléfono y decirle a los demás que no te molesten durante un período de tiempo específico.

- Haz una lista de las distracciones comunes que te afectan regularmente, ya sea redes sociales, mensajes de texto, ser un fan de series de televisión, etc.

- Usa un temporizador para establecer períodos de trabajo (por ejemplo, 25 minutos), seguidos de breves descansos (5 minutos). Este método se conoce como la Técnica Pomodoro.

- Durante los períodos de trabajo, concéntrate solo en la tarea en cuestión. Si te encuentras distraído, anota la distracción en tu cuaderno o aplicación de notas para analizarla más tarde.

- Al final de tu período de trabajo, revisa tu lista de distracciones. Piensa en formas de eliminar o minimizar estas distracciones en el futuro (por ejemplo, instalando bloqueadores de sitios web, estableciendo horarios específicos para revisar el correo electrónico, etc.).
- Repite este ejercicio durante varios días para afinar tu enfoque y adaptar tu entorno de manera que minimice las distracciones.

3. Constancia

Si alguna vez has intentado perseguir un sueño o lograr un objetivo, sabrás que el camino hacia el éxito no siempre es lineal. Y aquí es donde la constancia entra en juego, guiándote incluso cuando te sientes perdido en un mar de dudas.

> ¿Qué es la constancia, y por qué debería importarte? La constancia es esa vocecita que te dice "sigue adelante" cuando todo lo demás parece estar en tu contra.

Es esa resistencia interna que te empuja a continuar, día tras día, incluso cuando no ves resultados inmediatos. Pero no te confundas, no es solo una cuestión de repetir acciones sin sentido; es la persistencia dirigida hacia un objetivo. Og Mandino, autor del best-seller "El vendedor más grande del mundo", subraya: "El fracaso nunca me sobrevendrá si mi determinación para tener éxito es lo suficientemente fuerte".

Te pongo un ejemplo sencillo: si quieres estar en forma, no basta con ir al gimnasio una vez y esperar milagros. Tienes que comprometerte, ir con regularidad, adaptarte a los desafíos y, lo más importante, no desanimarte si no ves cambios drásticos en una semana. Esa es la esencia de la constancia.

- **Hazte amigo del aburrimiento.** Gran parte de la constancia es seguir trabajando incluso cuando la cosa se pone monótona. Aprende a encontrar confort en la repetición, no todo será siempre emocionante.

- **Marca en el calendario.** No, no me refiero a marcar los días hasta tu objetivo. Marca un "X" rojo en cada día que cumplas con tu tarea. El solo acto de dibujar ese "X" te da una pequeña descarga de dopamina y crea una cadena visual de tu progreso.

- **Deja espacio para el fallo.** Es más fácil ser constante si no te sientes aplastado por el fracaso. Define desde el principio cuántos "fallos" te permitirás cada semana sin sentirte mal.

- **Fusiona hábitos.** Si tienes algo que haces constantemente, como tomar café por la mañana, úsalo para crear un nuevo hábito. ¿Quieres leer más? Deja un libro junto a la cafetera y lees mientras disfrutas de tu café.

> Bruce Lee, ícono de las artes marciales, nos dejó esta máxima: "No temo a los que practican 10,000 patadas una vez, pero sí a los que han practicado una patada 10,000 veces"

- **Cambia de escenario.** Cuando sientas que estás en una rutina, un cambio de entorno puede hacer maravillas. No significa que tomes un vuelo a Bali, tal vez con cambiar de habitación o modificar la disposición del escritorio sea suficiente.

- **Aplicaciones de rastreo.** Utiliza apps que monitoreen tu progreso. A veces, ver los datos duros sobre cuánto has avanzado puede darte el empuje que necesitas.

- **Sé tu propio experimento.** Observa qué funciona y qué no. Haz ajustes, prueba nuevas cosas. Convence a tu cerebro de que este proceso es una especie de juego o experimento, y estarás más inclinado a seguir adelante.

OBJETIVO ALFA
Estrategia del primer minuto

Este enfoque te permitirá abordar tareas de una manera más digerible y sistemática, disipando la sensación abrumadora que a menudo sientes cuando te enfrentas a un gran proyecto o hábito que deseas establecer.

1. **Selecciona la tarea o proyecto.** Identifica la tarea o el proyecto que te resulta intimidante o que has estado posponiendo. Podría ser cualquier cosa, desde iniciar una rutina de ejercicios hasta comenzar un proyecto laboral importante.

2. **Divide la tarea.** Desglosa la tarea o el proyecto en sus componentes más pequeños. Estos son los elementos más fáciles de manejar y también los más fáciles de iniciar.

3. **Enfócate en el primer minuto.** Pregúntate: "Si solo tuviera un minuto para empezar con esto, ¿qué haría?" La clave aquí es hacer algo tan sencillo que tu cerebro no tenga tiempo para ponerse en modo de resistencia. Por ejemplo, si tu tarea es escribir un informe, tu primer minuto podría ser simplemente abrir un documento en blanco y escribir el título. Si es comenzar una rutina de ejercicios, tal vez sea ponerse los zapatos deportivos. La clave es eliminar "el síndrome de la página en blanco" ese miedo a comenzar algo.

4. **Prepárate.** Prepara todo lo que necesitas para llevar a cabo la acción del primer minuto. Haz como un "mise en place" ese término prestado de la gastronomía francesa que significa tener "todo en su lugar". Si es escribir un informe, asegúrate de tener tu computadora lista y el programa en el que lo harás, por ejemplo. Si es ponerte los zapatos deportivos, colócalos en un lugar donde los puedas ver y acceder fácilmente.

5. **Ejecuta.** Una vez que todo está listo, realiza la acción del primer minuto. Eso es todo, solo un minuto. Este simple acto puede ser el disparador que necesitas para vencer la inercia y continuar trabajando en la tarea que te propusiste, por muy ambiciosa o compleja que esta sea. ¿Viste que no es tan difícil como lo suponías?

6. **Evalúa y continúa.** Después de completar la acción del primer minuto, evalúa cómo te sientes y si eso te da el impulso clave. Es probable que descubras que el acto de comenzar hace que sea mucho más fácil seguir adelante. Si es así, continúa con la siguiente acción más pequeña. Si todavía te sientes atascado, no hay problema: has roto la barrera inicial, y eso ya es un paso en la dirección correcta.

El primer minuto es solo el comienzo. Una vez que te pones en movimiento, mantén ese impulso. Si alguna vez te sientes atascado o abrumado de nuevo, retrocede y vuelve al primer minuto. Este método simple pero efectivo puede ser una herramienta poderosa en tu arsenal para construir constancia y eficiencia.

JOSÉ COUVERTIE

Así es
UN LÍDER

De la mano de la historia de Steve Jobs y Las '21 Leyes Irrefutables del Liderazgo' de John Maxwell, conoce los primeros pasos transformadores para ser un líder eficaz, ya sea en el ámbito empresarial, social o personal.

Steve Jobs no comenzó su vida en un ambiente de éxito y abundancia. Nacido en San Francisco, California, fue dado en adopción a una pareja de clase trabajadora. Desde una edad temprana, Jobs mostró una inclinación hacia la electrónica y la ingeniería, gracias a las influencias de su padre adoptivo.

Pero lo que realmente lo separaba de los demás era su mentalidad ganadora: una combinación de curiosidad, pasión y una visión inquebrantable de lo que podría ser el futuro.

Jobs co-fundó Apple con Steve Wozniak en 1976, con la visión de hacer que las computadoras fueran accesibles para el público general. Su mentalidad ganadora se manifestó en su enfoque implacable en la innovación y en la creación de productos que la gente no solo necesitara, sino que amara.

> Bajo su liderazgo, Apple lanzó el Apple I y luego el Apple II, dispositivos que revolucionaron la industria de la computación personal.

A pesar del éxito temprano de Apple, Jobs fue despedido de su propia empresa en 1985 debido a desacuerdos con la junta directiva. Para muchos, esto habría sido un golpe devastador, pero Jobs lo vio como una oportunidad para aprender y crecer. Fundó NeXT Inc. y más tarde dirigió Pixar, demostrando que su capacidad para liderar no estaba atada a un solo proyecto o empresa.

Su regreso a Apple en 1997 coincidió con una de las mayores revoluciones en la tecnología moderna: el lanzamiento del iMac, seguido del iPod, el iPhone y el iPad. La mentalidad ganadora de Jobs estaba en pleno apogeo, y su liderazgo transformó a Apple en una de las empresas más valiosas del mundo.

Pero Steve Jobs no era solo un líder en el sentido convencional; era un visionario. Su enfoque en la excelencia del producto, en la experiencia del usuario y en la innovación lo puso en una liga propia. Pero lo que realmente lo convirtió en un líder excepcional fue su habilidad para inspirar a su equipo y llevarlos a creer en su visión del futuro.

Perfil de un líder, según John Maxwell

Jobs falleció en 2011, pero su legado va más allá de los productos innovadores que ayudó a crear. Como líder, demostró que con la mentalidad correcta, una visión clara y un liderazgo efectivo, uno puede cambiar el mundo.

Un rápido repaso a la vida de Jobs me recuerda de inmediato "las 21 leyes del liderazgo", planteadas por quien he considerado mi mentor, John Maxwelll, autor, entrenador y orador número uno en ventas, según el diario The New York Times. Un gurú que ha vendido más de 24 millones de libros en 50 idiomas.

> He tenido el honor de haber sido formado en eventos organizados por Maxwell, y reflejo muchas de sus enseñanzas en este libro que ahora tienes entre las manos.

No encuentro mejor forma de definir a un líder sino a partir de esas 21 cualidades que Maxwell desarrolla en su obra, y que te resumo a continuación:

Ley 1: la Ley del límite

La habilidad de liderazgo es el límite que determina el nivel de efectividad de una persona. Cuanto menor sea la habilidad de una persona para liderar, más bajo será el límite en su potencial.

Esta idea puede ser preocupante para algunas personas porque significa que, sin importar cuánto deseen ser un diez en la escala de liderazgo, hay un límite para sus habilidades basado en varios factores. Algunos de estos factores incluyen las habilidades sociales, las capacidades de planificación o ser metódico y la visión.

Ley 2: la Ley de la influencia

La habilidad para influir en otros es una medida clave del liderazgo efectivo. Si no puedes influir en las personas, no podrás liderarlas. La influencia no es algo que se gana de la noche a la mañana, sino que se desarrolla a lo largo del tiempo y cultivando autoridad en un área determinada.

Ley 3: la Ley del proceso

El liderazgo es un viaje, no un destino. Requiere tiempo, esfuerzo y dedicación para desarrollar habilidades de liderazgo. No se puede acelerar el proceso; cada líder tiene que pasar por varias etapas de desarrollo para alcanzar la madurez en el liderazgo.

Ley 4: la Ley de la navegación

Un buen líder debe ser capaz de navegar a través de desafíos y circunstancias difíciles. Esto implica tener una visión clara, preparación y la capacidad para tomar decisiones difíciles cuando sea necesario.

Ley 5: la Ley de la adición

El liderazgo efectivo no es solo acerca de dirigir, sino también acerca de servir. Un buen líder siempre busca maneras de agregar valor a las personas que lidera, lo que a su vez aumenta su propia influencia.

Ley 6: la Ley del terreno firme

La confianza es fundamental en cualquier relación de liderazgo. Un líder debe ser íntegro y honesto para ganar y mantener la confianza de su equipo.

Ley 7: la Ley del respeto

Las personas siguen líderes más fuertes que ellos mismos. Si quieres liderar, debes ganarte el respeto de aquellos a quienes intentas liderar, lo que generalmente requiere demostrar competencia, valentía y toma de decisiones sólidas.

Ley 8: la Ley de la intuición

Un líder eficaz tiene la habilidad de captar las dinámicas en juego en diversas situaciones y tomar decisiones acertadas basadas en esa intuición.

Ley 9: la Ley de la magnetismo

Los líderes atraen a personas que son similares a ellos en muchos aspectos. Si quieres atraer a gente de calidad, debes ser una persona de calidad.

Ley 10: la Ley de la conexión

Los líderes tocan el corazón antes de pedir ayuda. Establecer una conexión emocional con los seguidores es crucial para el liderazgo efectivo.

Ley 11: la Ley del círculo íntimo

Tu círculo más cercano influirá en tu potencial de liderazgo. Debes ser selectivo sobre quiénes permites en tu círculo cercano.

Ley 12: la Ley de la empatía

Ser capaz de entender y compartir los sentimientos de los demás es una característica clave del liderazgo efectivo.

Ley 13: la Ley del modelo a seguir

Debes ser un ejemplo a seguir si pretendes convertirte en un líder efectivo. Tu comportamiento determinará el tipo de seguidores que atraerás.

Ley 14: la Ley del comprador

Las personas siguen líderes que les ofrecen algo más que dirección. Debes ser capaz de ofrecer algo que las personas realmente quieran o necesiten.

Ley 15: la Ley de la victoria

Los líderes encuentran una forma de ganar. No se rinden fácilmente y buscan soluciones hasta que encuentran una forma de triunfar.

Ley 16: la Ley del gran impulso

El momento es clave en el liderazgo. Un buen líder sabe cuándo es el momento adecuado para actuar.

Ley 17: la Ley de las prioridades

Los líderes efectivos entienden lo que es verdaderamente importante y se centran en estas áreas.

Ley 18: la Ley del sacrificio

Un líder debe estar dispuesto a renunciar a algo para alcanzar algo más grande.

Ley 19: la Ley del tiempo

El liderazgo es el acto de cultivar relaciones a largo plazo. No puedes apresurar la confianza o la influencia.

Ley 20: la Ley del crecimiento explosivo

Según Maxwell, para aportar crecimiento, hay que hacer seguidores; para multiplicarse, hay que formar líderes Y yo diría que para liderar a muchos, debes liderarte a ti mismo.

Ley 21: la Ley del legado

Un buen líder deja un legado que tiene un impacto duradero. Tu liderazgo debe ir más allá de tu tiempo y tener un efecto positivo a largo plazo.

Como habrás podido observar, estas leyes destacan la importancia de la influencia positiva, el trabajo en equipo, la comunicación y la integridad en el liderazgo.

Maxwell sostiene que al comprender y aplicar estas leyes, cualquiera puede desarrollar sus habilidades de liderazgo y convertirse en un líder más efectivo en cualquier ámbito de la vida, desde el trabajo hasta la comunidad y la familia.

De manera que estas leyes te proporcionarán, si las aplicas en tu día a día, una base sólida para crecer como líder y alcanzar el éxito en el liderazgo.

OBJETIVO ALFA
Los cinco niveles de liderazgo

Este ejercicio te servirá para evaluar tu nivel actual de liderazgo según los "Cinco Niveles de Liderazgo" propuestos por John Maxwell. La idea es diseñar un plan de acción para avanzar al siguiente nivel.

1. **Evalúa tu nivel actual:**

- **Nivel 1: Posición.** ¿Confías principalmente en tu título o posición para liderar? ¿La gente te sigue porque tiene que hacerlo?

- **Nivel 2: Permiso.** ¿Has construido relaciones sólidas con tu equipo? ¿La gente te sigue porque quiere hacerlo?

- **Nivel 3: Producción.** ¿Tus resultados hablan por ti? ¿La gente te sigue debido a lo que has logrado?

- **Nivel 4: Desarrollo de Personas.** ¿Inviertes tiempo en mentoría y desarrollo de talento? ¿La gente te sigue debido al impacto que has tenido en su desarrollo profesional?

- **Nivel 5: Pináculo.** ¿Has creado futuros líderes? ¿La gente te sigue por lo que representas y el legado que estás dejando? Anota tu nivel actual y las razones detrás de tu autoevaluación.

2. **Identifica áreas de mejora.** Escribe las áreas en las que necesitas mejorar para ascender al siguiente nivel de liderazgo. Podría ser mejorar la comunicación, el desarrollo de habilidades específicas, o la construcción de relaciones más fuertes con tu equipo.

3. **Diseña un plan de acción.** Basado en tus áreas de mejora, crea un plan de acción detallado, lo que podría incluir lecturas recomendadas, cursos en línea, sesiones de mentoría o proyectos específicos que te ayuden a desarrollar las habilidades necesarias.

4. **Buscar retroalimentación.** Comparte tu autoevaluación y plan de acción con un colega de confianza o un mentor. Pide su retroalimentación para asegurarte de que estás en el camino correcto.

5. **Hacer un seguimiento.** Establece puntos de revisión regulares para evaluar tu progreso. Ajusta tu plan de acción según sea necesario.

Después de completar el ejercicio, reflexiona sobre los cambios que debes hacer para avanzar en tu viaje de liderazgo.

4 Pasos para una MENTALIDAD GANADORA

En este capítulo, te guiaré a través de los pasos para moldear una mentalidad que no solo te permita enfrentar desafíos, sino que también te impulse a alcanzar nuevas alturas.

En el firmamento del deporte, algunas estrellas brillan con un resplandor tan intenso que atraviesan las barreras del tiempo, la raza y la nación. Muhammad Ali fue una de esas estrellas, y la clave de su grandeza radicó en su mentalidad ganadora.

La historia de Ali no es solamente la de un boxeador fenomenal; es la historia de un hombre que comprendió el poder del autoconvencimiento. Desde sus primeros días como Cassius Clay, entendió perfectamente que la lucha más grande se libraba fuera del ring.

Creció en una América segregada, pero en lugar de dejarse doblegar por las circunstancias, las usó como combustible. "Voy a mostrarte lo grandioso que soy", decía, y lo decía tanto para sus oponentes como para una sociedad que quería verlo derrotado.

Incluso cuando fue despojado de su título y condenado por su postura contra la guerra de Vietnam, Ali nunca perdió su mentalidad ganadora. Pasaron casi cuatro años antes de que pudiera volver al ring, pero cuando lo hizo, fue con una determinación inquebrantable. En una de las mayores remontadas de la historia del deporte, Ali recuperó su título mundial al derrotar a George Foreman en el legendario "Rumble in the Jungle".

> Ali sabía que su lucha no terminaba en el cuadrilátero. Utilizó su fama y su plataforma para abogar por los derechos civiles y la igualdad.

No solo quería ser el más grande boxeador del mundo, sino también un gran ser humano. Y en este empeño, su mentalidad ganadora fue su aliada más poderosa.

La vida de Muhammad Ali nos muestra que, independientemente de las circunstancias, cada uno de nosotros tiene el potencial de ser "el más grande", siempre y cuando estemos dispuestos a creer en nosotros mismos y luchar por lo que es correcto.

Acá algunas de las lecciones extraídas, no solo de la vida de Ali, sino de muchos otros líderes que se han caracterizado por su mentalidad ganadora:

PASOS PARA UNA MENTALIDAD GANADORA

1 Influencer de ti mismo, lo que te hace único

2 Piensa en grande

3 Fija metas vinculadas con esa grandeza

4 Fórmate para ganar

1. Influencer de ti mismo: lo que te hace único

¿Cómo soy influencer de mí mismo? Tienes que descubrir, explorar y explotar lo que te hace único. El tema aquí no es simplemente saber qué te hace diferente, sino cómo ese elemento diferenciador se convierte en tu sello personal, en esa chispa que te hace único e intransferible.

Cuando identificas y comprendes lo que te hace único, te conviertes en una fuerza imparable.

Para Richard Branson, empresario británico y fundador de Virgin Group: "La mentalidad ganadora es creer que puedes ganar, incluso cuando las probabilidades están en tu contra." Y es que cada persona tiene algo que la hace única.

Para algunos, podría ser un talento especial o una habilidad que han perfeccionado durante años. Para otros, quizá una historia de vida particularmente conmovedora o incluso una forma única de ver el mundo.

Pero lo que realmente importa es cómo tomas ese rasgo distintivo y lo usas para destacarte en tu campo.

OBJETIVO ALFA
Descubre y aplica tu elemento único

Con este ejercicio, no solo identificarás lo que te hace único sino que también aprenderás cómo aplicar tu singularidad de manera efectiva. Voy a dividirlo en tres fases clave:

1. **Autoevaluación.** Reserva un momento tranquilo para reflexionar sobre tus habilidades, talentos y experiencias. Puedes escribir en un diario o simplemente meditar sobre ello. Supón que siempre has tenido un don para escuchar a las personas. No es solo escuchar, sino realmente entender lo que están diciendo. Esa podría ser tu cualidad única.

2. **Destila tu esencia.** Transforma esa cualidad o conjunto de cualidades en una idea o concepto

claro. Esto se convertirá en tu "marca personal". Si tu habilidad única es escuchar y entender a las personas, tu marca personal podría ser "conector emocional" o "facilitador de entendimiento".

3. **Aplica tu singularidad.** Una vez que hayas definido tu marca personal, piensa en maneras concretas de aplicarla en diferentes aspectos de tu vida. Si eres un "conector emocional", podrías usar esa habilidad en tu trabajo para mediar en conflictos laborales, o en tu vida personal para fortalecer tus relaciones. Otras posibilidades para ampliar este ejercicio son:

- Haz una lista de cualidades. Escribe una lista de 5-10 cualidades o habilidades que creas que te definen.

- Pide a amigos o colegas que te describan en una palabra o frase. Compara estas descripciones con tu lista inicial.

- Utiliza la información recopilada para crear una declaración de una o dos oraciones sobre tu marca personal.

- Identifica al menos tres situaciones en tu vida (profesional o personal) donde puedas aplicar tu marca personal de manera efectiva.

- Después de aplicar tu singularidad, toma un momento para evaluar cómo fue, qué aprendiste y cómo puedes mejorar o ajustar tu enfoque en el futuro.

2. Piensa en grande

Mira a cualquier persona que consideres exitosa ¿Crees que llegó a donde está pensando en pequeño? Claro que no. ¿Quieres saber su secreto? No hay límite en el tamaño de tus sueños. Las únicas limitaciones son las que te pones tú.

Así que quita el freno y permítete soñar en grande. Al pensar en grande, tu enfoque cambia. Dejas de ver problemas y empiezas a ver oportunidades. Cada desafío se convierte en una oportunidad para aprender, para crecer, para acercarte un poco más a tu visión.

Ahora, un momento de honestidad. Pensar y actuar en grande no te garantiza el éxito de la noche a la mañana. De hecho, probablemente te enfrentarás a más fracasos y desafíos que si te mantuvieras en tu zona de confort.

Pero esos fracasos son simplemente lecciones, escalones que te llevan más cerca de tu objetivo. No los veas como el fin del camino, sino como una parte necesaria de tu viaje hacia el éxito.

> El tamaño de tus sueños determina el tamaño de tu éxito.

3. Fija objetivos relacionados con esa grandeza

¿Alguna vez has iniciado un viaje sin un destino en mente? Probablemente no. Lo mismo ocurre con tu mentalidad ganadora. Sin objetivos claros, te encontrarás dando vueltas en círculos, sin dirección ni propósito. Pero cuando estableces objetivos, le das a tu cerebro algo en qué enfocarse, algo hacia lo que trabajar.

Empecemos con algo sencillo: define qué es lo que realmente quieres. No me refiero a lo que tus padres, amigos o la sociedad quieren para ti. ¿Qué es lo que tú, en lo más profundo de tu ser, anhelas alcanzar? ¿Es un nuevo trabajo, un estilo de vida más saludable, una relación más fuerte? Una vez que lo tengas claro, escríbelo. Sí, en papel. Hacerlo lo convierte en algo tangible, algo real.

Como ya hemos hecho en ejercicios anteriores, divide ese gran objetivo en metas más pequeñas. Digamos que quieres iniciar tu propio negocio. No vas a abrir las puertas mañana, ¿verdad? Hay pasos que tomar: investigar el mercado, crear un plan de negocios, buscar financiamiento.

> Cada uno de estos pasos es una meta más pequeña que te acerca a tu objetivo final.

Establece plazos para cada una de estas metas menores. Un objetivo sin un plazo es solo un sueño. Tener un plazo te da un sentido de urgencia, te empuja a actuar. Si tu objetivo es perder peso, establece un plazo para cada etapa: perder los primeros cinco kilos, empezar a hacer ejercicio tres veces por semana, y así sucesivamente.

4. Fórmate para ganar

Me preguntan con frecuencia el secreto detrás del éxito de mi negocio. La respuesta es sencilla: el activo más valioso soy yo mismo. Comprendí que invertir en mi desarrollo personal es esencial para adquirir el conocimiento que me permitirá discernir el mejor rumbo a seguir.

Esto no se trata de imitar a otros; se trata de aprender y pasar a la acción. Como dice Oprah Winfrey: "No creo en la suerte. Creo que el éxito sucede cuando nuestra preparación se cruza con la oportunidad". Aquí, el punto clave no es tanto el nivel de educación formal que tengas, sino el grado de preparación que alcances.

TIPOS DE PREPARACIÓN

- Corta duración
- A largo plazo
- Continua

1. Corta duración. La preparación necesaria para afrontar eventos específicos, como una presentación o una reunión con un cliente.

2. A largo plazo. Este es el tipo de preparación que realizan profesionales como deportistas, médicos especialistas o pilotos, cuya formación puede llevar años.

3. Continua. Vivir preparado es vivir en constante crecimiento. Esto implica una mejora continua a nivel mental, emocional y espiritual.

Cada día es una nueva oportunidad para mejorar y ganar más confianza en ti mismo a partir de estos tres tipos de formación. También, tu plan debe incluir tiempo para crecer en diversos aspectos: espiritual, mental, físico y social.

El escritor, vendedor, y orador motivacional estadounidense Zig Ziglar lo puso de manera perfecta: "Naciste para ganar, pero para ser un ganador, debes planificar y prepararte para ganar".

Así que ya lo sabes: invertir en ti mismo no es un lujo, es una necesidad. Conviértete en tu mejor versión y las puertas del éxito se abrirán para ti.

Es hora de BUSCAR UN MENTOR

Tener un coach o mentor actúa como un espejo, reflejando tus puntos fuertes y áreas de mejora que quizás no veas por ti mismo.

"No es como lo hago sino con quien lo hago". La primera vez que escuché esta frase me chocó. Sabía que había llegado al tope de conocimiento y de producción en mi negocio.

Me había convertido en esclavo de mi emprendimiento, sin ayuda, sin un sistema adecuado y sin apalancamiento. Estaba a punto de quemarme.

"Increíble", eso pensé, había salido de mi empleo donde vivía cheque a cheque, a ser el empleado mejor pagado y más caro de mi empresa. Era un autoempleado. Y eso no era lo que yo había visualizado.

Un buen día en la oficina platicando con otra agente, Maritza Hernández, quien hoy es como una hermana, nos dimos cuenta que teníamos mucho en común: ambos deseábamos más en nuestro negocio, pero sabíamos que nos faltaba formación y ayuda para lograrlo.

Fue ahí donde todo cambió. Comenzamos a buscar mentoria en distintas áreas y nuestra primera parada fue con Antonio Torrealba, quien en ese momento despuntaba como un estratega en mercadeo digital y profesional en creación de marcas. Antonio nos ayudó a entender y confeccionar un plan detallado para hacer crecer nuestro negocio.

> Además, contratamos una plataforma de capacitación inmobiliaria que nos ayudara a implementar aspectos fundamentales dirigidos a nuestra productividad.

El resultado no se hizo esperar. En plena pandemia, en el año 2021, nació The Couvertie Group. Éramos seis amigos realtors haciendo negocios en conjunto. Ese año rompimos nuestros propios récords de ventas y, hoy, todos aquellos que empezamos seguimos unidos y tenemos negocios sustentables y sistematizados.

De aquella etapa al día de hoy son varios los mentores que he tenido. Actualmente tengo un coach de negocios que me ha ayudado a pasar de un grupo a una organización de negocios.

En el año 2022 hice otro gran cambio y fundé junto a tres amigos lo que hoy se conoce como Level Up Network, apalancándonos en la plataforma de LPT Realty manejo en mi organización más de 900 agentes al día de hoy (2023). Y seguimos creciendo.

Todo esto por haber entendido que necesitaba ayuda y que sin un guía no lo podría hacer.

Qué es un mentor

Primero lo primero. Un mentor no es un terapeuta. Un terapeuta te ayuda a desempacar tu pasado; un mentor te da una patada en el trasero para que arranques hacia tu futuro. Es una persona que tiene una única misión: hacer que saques la mejor versión de ti mismo.

> Un coach te proporciona herramientas, estrategias, pero sobre todo, te ofrece una nueva forma de ver el mundo y a ti mismo.

Es más que un lujo o un accesorio de moda en el mundo empresarial. Es una inversión en ti mismo, en tu éxito, en tu futuro. Un coach ve lo que tú no ves, sabe lo que tú no sabes y, lo más importante, te dice lo que nadie más se atreve a decirte. ¿Estás atascado en tu carrera? ¿Tienes problemas para alcanzar tus metas? Un coach te da ese empujón que necesitas para despegar.

Encuentra al ideal

Elegí el método de John C. Maxwell para certificarme en coaching y ampliar mis técnicas de oratoria además poder tener la mentoría directa de estos profesionales, su enfoque en el liderazgo va más allá de las teorías abstractas; ofrece herramientas prácticas y tácticas que puedo aplicar inmediatamente en mi vida profesional y personal.

No es solo un líder en el campo del desarrollo personal y profesional, sino también un comunicador excepcional cuyos consejos y orientación se sienten personalmente relevantes para mí. Pero, ahora ¿cómo encuentras el tuyo?

Bueno, te diré primero lo que no debes hacer: no tomar el primer nombre que aparece en Google. Investiga, lee reseñas y, sobre todo, ten muy claro para qué lo necesitas y hacia dónde va tu búsqueda.

Hay maneras más o menos formales para encontrar al mentor adecuado para ti. Un mapa de navegación riguroso para encontrar a tu coach ideal sería:

- **Define tus objetivos.** Antes de buscar un coach, ten claro qué quieres. ¿Quieres avanzar en tu carrera, mejorar tu liderazgo, equilibrar tu vida personal? Saber lo que buscas te ayudará a encontrar el coach adecuado.

- **Investiga.** Como te dije al principio, jamás te conformes con el primer nombre que aparezca en una búsqueda en línea. Investiga, compara y crea una lista corta de posibles candidatos.

- **Pide referencias.** Si tienes amigos, familiares o colegas que hayan tenido experiencias positivas con un coach, añádelos a tu lista.

- **Examina sus credenciales.** Asegúrate de que el coach tenga las credenciales y la formación adecuadas. La experiencia en tu campo también es un plus.

- **Programa entrevistas.** Habla con varios candidatos antes de tomar una decisión. Una buena química con tu coach es crucial para una relación exitosa.
- **Haz preguntas difíciles.** Durante la entrevista, no temas hacer preguntas que te den una idea clara de su enfoque, experiencia y métodos.
- **Pide casos de estudio o testimonios.** Un buen coach debería poder proporcionarte ejemplos de éxito de otros clientes.
- **Comprueba la disponibilidad.** Asegúrate de que el coach tenga tiempo para dedicarte. No querrás sentirte como un cliente más en una larga lista.
- **Discute los detalles financieros.** Habla abierta y claramente sobre los costos, para evitar sorpresas más adelante.
- **Haz una prueba.** Si es posible, realiza una o dos sesiones de prueba antes de comprometerte a largo plazo. Esto te dará una idea clara de cómo funcionará la relación.
- **Sintoniza tu intuición.** Finalmente, confía en tu instinto. Si algo no se siente bien durante las sesiones de prueba, probablemente no sea la mejor opción para ti.

Sacándole el jugo a tu mentor

¿Has encontrado a tu mentor? ¡Genial! Ahora es el momento de sacarle el máximo provecho. Sé puntual en tus sesiones, sé honesto en tus respuestas y, sobre todo, haz el trabajo que te recomiende.

> Un coach no es una varita mágica.
> Te da directrices, pero eres tú quien
> tiene que ejecutarlas.

- **Lleva un diario de tus avances y revísalo.** Ajusta la estrategia cuando sea necesario y celebra tus victorias, por pequeñas que sean.
- **Diario de éxitos.** Cada día, anota algo que hayas logrado, por pequeño que sea. Revísalo con tu mentor para identificar patrones y ajustar tu estrategia.
- **Retroalimentación 360 grados.** Pide a amigos, familiares y colegas que te den retroalimentación sobre tus fortalezas y áreas de mejora. Contrástalo con lo que tu mentor te ha dicho para tener una visión más completa de ti mismo.
- **Lectura adicional.** Pregunta a tu mentor sobre libros o artículos que complementen tu proceso. La formación continua es clave para el crecimiento.

Cuando tú eres el mentor

Aunque los he nombrado como si ambos fueran lo mismo, es hora de establecer las diferencias entre un coach y un mentor, quienes cumplen roles distintos aunque complementarios en el desarrollo personal y profesional.

- **Un coach** generalmente se enfoca en ayudarte a alcanzar metas específicas a corto plazo, proporcionando orientación, retroalimentación y técnicas prácticas para mejorar tu desempeño en áreas concretas. Su relación contigo es más estructurada y a menudo sigue un programa o plan definido.

- **Un mentor** actúa como un guía a largo plazo, ofreciendo sabiduría y perspectiva basadas en su propia experiencia. A diferencia del enfoque más táctico del coach, el mentor se centra en tu crecimiento y desarrollo general, y la relación es a menudo más informal y flexible..

He tenido la fortuna de ser el mentor de muchos profesionales. Me especializo en el sector inmobiliario, con un enfoque en liberar el potencial y mejorar los ingresos en el mundo del Real Estate. Mi programa, denominado ROCKET, está diseñado para transformar vidas y elevar el negocio a nuevas alturas.

No es solo una cuestión de habilidades técnicas; también trabajo en el desarrollo de una mentalidad de crecimiento pues considero que la actitud es un componente esencial para el éxito.

> En términos de estrategia, mi enfoque se centra en ventas y retorno de inversión, siempre con la idea de que, trabajando en equipo, llegaremos mucho más lejos.

No me guardo el conocimiento; para mí pues el crecimiento es más gratificante que cualquier cheque. Con estrategias bien definidas, ayudo a cerrar más transacciones, a salir de la zona de confort y a generar ingresos de manera más estratégica.

Muchas veces me detengo a pensar en la responsabilidad que eso conlleva. No es fácil ser el mapa en el viaje de otra persona, el espejo en el que se miran, el hombro en el que, a veces, tendrán que llorar. Pero también se es el trampolín que les impulse hacia sus sueños.

Primero, entiende que no estoy ahí para dar órdenes. Así que cuanto te toque ser coach o mentor, tu papel es el de un facilitador, alguien que guía y no alguien que impone.

> La vida que estás ayudando a moldear tiene su propio piloto, y ese no eres tú. Tu responsabilidad es abrir puertas, no empujar a la gente a través de ellas.

Entre las características que siempre practico como coach están las siguientes:

- **Empatía.** Ponerse en los zapatos del otro no es un cliché, es una habilidad que debes cultivar. Entiende su punto de vista, siente lo que sienten, pero mantén la distancia emocional suficiente para seguir siendo su guía.

Brené Brown, una investigadora social y profesora que ha popularizado los conceptos de vulnerabilidad y empatía, nos reta a ver la vulnerabilidad como una fortaleza en su libro "Daring Greatly".

Brown enfatiza la importancia de practicar la autocompasión y la empatía como herramientas para construir una autoestima sólida y, por tanto, una mayor confianza en nosotros mismos.

- **Adaptabilidad.** Cada persona es un mundo. Lo que funciona para Juan no necesariamente funcionará para María. Adapta tu enfoque según a quien tienes enfrente.

- **Diagnóstico inicial.** Antes de trazar un plan, comprende a fondo las necesidades, metas y desafíos de la persona. Utiliza herramientas como cuestionarios, entrevistas y pruebas de personalidad para obtener una imagen completa.

- **Plan de acción.** Basado en el diagnóstico, elabora un plan de acción. Divide las metas en objetivos más pequeños y alcanzables. Luego, acompaña a la persona en la ejecución de ese plan, ajustando según sea necesario.

- **Seguimiento.** Realiza un seguimiento regular del progreso. No solo en las sesiones programadas, sino también a través de mensajes de texto o correos electrónicos. Esto demuestra que te importa su progreso.

- **Retroalimentación constructiva.** Aprende el arte de dar retroalimentación que inspire, no que desanime. Sé directo, pero amable. Resalta los puntos fuertes mientras trabajas en las áreas de mejora.

Si te tomas en serio tu rol como coach o mentor, te darás cuenta de que es más que una simple relación profesional. Es un viaje compartido donde ambas partes crecen.

Así que, mientras ayudas a alguien más a ascender su montaña, no te sorprendas si te encuentras alcanzando tu propia cima.

Asertividad, ENCUENTRA TU VOZ

En este capítulo te quiero revelar los pasos para comunicar tus necesidades, establecer límites y navegar por la vida con una confianza inquebrantable.

Estás en una reunión de trabajo, sentado con tu taza de café, escuchando atentamente mientras tu jefe habla sobre los objetivos del próximo trimestre. Luego, de repente, Jorge, ese compañero de trabajo que siempre parece tener una agenda oculta, se levanta y empieza a hablar sobre "su" proyecto, que, casualmente, es el mismo que tú has estado liderando durante semanas.

Podrías sentir cómo la sangre te hierve, ¿verdad? Pero esperas, tomas un respiro y en lugar de soltar un berrinche o tragarte tu orgullo, intervienes suavemente: "Creo que hay un malentendido. Ese proyecto fue liderado por mí, y me gustaría explicar los detalles".

> ¡Boom! Lo has hecho. Has marcado tu territorio sin desatar la Tercera Guerra Mundial en la sala de juntas. Y lo más probable es que Jorge piense dos veces antes de intentar algo así de nuevo.

Eso es asertividad en su máxima expresión. No es ser agresivo, es simplemente hacer valer tus derechos de una manera que es clara y, lo más importante, respetuosa para todos los involucrados.

Qué es la asertividad

Eres asertivo cuando tienes la habilidad de expresar tus pensamientos, sentimientos y necesidades de una manera clara, honesta y respetuosa. Y créeme, cuando dominas la asertividad, te conviertes en el director de tu propia película, no solo un actor secundario.

Ser asertivo implica conocer tus emociones y reacciones, y tener la habilidad de controlarlas para comunicarte de forma efectiva y sin dañar a los demás.

La asertividad te lleva a tomar el control de tu vida en pequeñas pero significativas formas. No pisoteas a los demás, pero tampoco te dejas pisotear. Estás en ese punto medio donde tus necesidades importan tanto como las de los demás.

Y al hacerlo, no solo te estás ganando el respeto de los demás, sino que también estás ganando una enorme dosis de autorespeto. Ah, y créeme, una vez que pruebas esa sensación, no hay vuelta atrás.

¿Qué se necesita para ser asertivo?

Convertirse en una persona asertiva es un proceso que implica varios pasos, que van desde el autoconocimiento hasta la práctica en situaciones de la vida real. Aquí te detallo los puntos a seguir:

CÓMO SER ASERTIVO

1. Autoconocimiento
2. Expresar tu mensaje con confianza
3. Escucha activa
4. Lenguaje corporal
5. Aprender a decir NO

1. Autoconocimiento

Antes de poder comunicar tus necesidades y deseos de manera efectiva, debes saber qué son. Esto significa dedicar tiempo a la introspección para entender tus emociones, tus límites y tus objetivos.

Sí, sé que suena a cliché, pero es verdad. Si no sabes lo que quieres o necesitas, ¿cómo vas a comunicarlo a los demás? Haz un inventario de tus emociones y tus necesidades, tus objetivos. Anótalo si es necesario. No te preocupes, nadie más tiene que verlo.

2. Expresa tu mensaje con confianza

La forma en que te comunicas es un tema que a menudo se pasa por alto pero que es crucial para tu éxito. En mi experiencia, hay dos tipos de comunicadores: los confiados y los inseguros.

Dos tipos de comunicadores

- **El comunicador confiable:** se expresa con claridad, mantiene el contacto visual y controla el tono de su voz. Este tipo de comunicador no solo habla, sino que también escucha activamente.

- **El comunicador inseguro:** suele titubear, evita el contacto visual y su voz en ocasiones se aprecia temblorosa. Está más preocupado por cómo se percibe que por el mensaje que está tratando de transmitir.

El comunicador confiable

El comunicador inseguro

¿Quieres saber en qué grupo te encuentras? Escucha lo que dices. Los temas que dominan tus conversaciones diarias te darán una pista.

Incluso la Biblia nos advierte sobre el poder de nuestras palabras. No es solo lo que dices, sino cómo lo dices, lo que puede marcar la diferencia. Cuando cambias tu forma de comunicarte, también cambias tu forma de pensar y visualizar el mundo. Y allí se forja una mentalidad ganadora.

OBJETIVO ALFA
Para ser un comunicador confiable

- **Desarrolla tu vocabulario.** No necesitas sonar como un diccionario andante, pero un vocabulario más amplio te permite expresar tus ideas de manera más precisa.
- **Evita los rellenos verbales.** Palabras como "uh", "um" y "ya sabes" sabotean tu mensaje. Haz una pausa si necesitas tiempo para pensar; es mucho más efectivo que llenar el aire con ruido.
- **Narrativa personal.** Todos tenemos una historia que contar. Asegúrate de que la tuya sea una que te empodere. Habla de tus logros, tus metas y tus aspiraciones como si ya estuvieras en el camino para alcanzarlos.
- **Tonifica tu voz.** La gente no solo escucha tus palabras, escuchan cómo las dices. Un tono firme pero amable puede hacer maravillas para que tu mensaje se reciba de la manera que deseas.

3. Escucha activa

La asertividad no es solo hablar, sino también escuchar. Escucha activamente a los demás para entender sus puntos de vista y necesidades. Esto te dará un terreno más sólido desde el cual operar cuando sea tu turno de expresarte.

> Haz preguntas abiertas, mantén el contacto visual y, por el amor de todo lo que es bueno, deja el teléfono móvil a un lado.

4. Lenguaje corporal

Tu cuerpo comunica tanto como tus palabras. Mantén un lenguaje corporal abierto, contacto visual y un tono de voz firme pero respetuoso para reforzar tu mensaje.

> La asertividad es una habilidad que se desarrolla con tiempo y práctica. Comienza en entornos seguros, como con amigos o familiares, antes de aplicarlo en situaciones más desafiantes como el trabajo.

Entre mis recomendaciones para manifestar un lenguaje corporal asertivo están:

- **Mantén el contacto visual.** Muestra confianza y ayuda a establecer una conexión con los demás. No mires al suelo ni te distraigas con lo que hay a tu alrededor.

- **Postura erguida.** No solo es buena para tu espalda, sino que también transmite confianza y seguridad al interlocutor. Mantén los hombros hacia atrás, la cabeza alta y los pies plantados firmemente en el suelo.

- **Gesticula con propósito.** Los gestos refuerzan lo que dices, pero asegúrate de que sean deliberados y no distraigan de tu mensaje. Evita jugar con objetos, tocarte la cara o hacer movimientos nerviosos.

- **Espacio personal.** Respeta el espacio personal del otro, pero no te encojas en tu propio espacio. Ocupar un lugar adecuado demuestra que estás cómodo y seguro en la situación.

- **Sonrisa genuina.** Sonreír rompe el hielo y hace que la interacción sea amigable. Asegúrate de que la sonrisa sea apropiada para la situación; una sonrisa excesiva o fuera de lugar envía mensajes confusos.

- **Control del tono de voz.** Tu tono de voz debe ser firme pero no agresivo. Un volumen adecuado y un ritmo constante te ayudarán a transmitir tu mensaje de manera efectiva.

- **Evita cruzar brazos y piernas.** Esto puede interpretarse como una señal de que estás cerrado o a la defensiva. En su lugar, mantén las manos en un lugar neutral, como descansando sobre tu regazo o apoyadas en una mesa.

5. Aprende a decir NO

Es fácil caer en la trampa de decir "sí" a todo por miedo a decepcionar a la gente o parecer egoísta. Pero aquí está la verdad: cada vez que dices "sí" a algo que no quieres hacer, en realidad te estás diciendo "no" a ti mismo. Estás sacrificando tu tiempo, tu bienestar y a veces hasta tu felicidad.

Entonces, ¿cómo dices "no" sin sentirte como el villano de la película? La clave está en hacerlo de manera asertiva. No es necesario ser grosero ni dar un montón de excusas. Simplemente sé claro, directo y respetuoso.

Por ejemplo, si un amigo te pide que lo ayudes a mudarse este fin de semana, pero ya tienes planes o simplemente necesitas un descanso, podrías decir algo como: "Me encantaría ayudarte, pero ya tengo compromisos este fin de semana. ¿Hay otra forma en que pueda apoyarte más adelante?".

> Notarás que no solo estás diciendo "no" al favor, sino que también estás dejando la puerta abierta para futuras interacciones positivas.

O si en el trabajo te piden tomar un proyecto adicional y sabes que ya estás hasta arriba, podrías decir: "Gracias por considerarme para este proyecto, pero ya estoy comprometido con varias tareas y quiero asegurarme de hacer bien mi trabajo en ellas. ¿Podemos discutir otras formas de manejar este nuevo proyecto?".

Lo genial de decir "no" es que te ganas el respeto de los demás y te respetas a ti mismo. La gente empezará a entender que tu tiempo y tu bienestar son importantes para ti, y eso es algo que todos deberían respetar.

Cuando no nos atrevemos a expresar un "no" cuando es necesario, dejamos que otros determinen nuestras decisiones o acciones, y al final del día tendrás insatisfacción o resentimiento.

> Evita el lenguaje ambiguo o pasivo. Sé claro y específico acerca de lo que quieres, sientes o necesitas. Esto evita malentendidos y muestra que estás seguro de ti mismo.

Ten en cuenta que ser asertivo no significa ignorar las necesidades de los demás, sino solo saber defender nuestros espacios. Eso sí, manteniendo un sentido de empatía para buscar soluciones que beneficien a todos los involucrados.

Prepárate para la resistencia

Es un hecho de la vida: no puedes complacer a todos. Y cuando empiezas a adoptar una postura más asertiva, a encontrar tu voz y a poner en claro tus límites, no todo el mundo va a recibir ese cambio con los brazos abiertos.

Podrías notar al comienzo algunas miradas de sorpresa, tal vez incluso un poco de resistencia o críticas, y eso es completamente natural. Cambiar las dinámicas establecidas puede ser incómodo para algunas personas, especialmente si están acostumbradas a que siempre cedas ante sus demandas o expectativas.

Pero aquí está la clave: está bien que no todos reaccionen positivamente a tu nueva actitud asertiva. La asertividad no es para nada un concurso de popularidad; es un ejercicio de autoafirmación.

> Tu objetivo no es ganar la aprobación de todos, sino comunicar tus necesidades y deseos de una manera clara y respetuosa.

Si algunos no reaccionan bien, es más una reflexión sobre ellos que sobre ti. Podría ser que tu asertividad les haga cuestionar su propio comportamiento o que simplemente no estén acostumbrados a tratar con alguien que se valora lo suficiente como para hablar claro.

OBJETIVO ALFA
Ejercicio de asertividad

Este ejercicio simple pero efectivo te dará la oportunidad de practicar la asertividad en un entorno de bajo riesgo. Con el tiempo, las habilidades que desarrolles se transferirán a situaciones más desafiantes y te ayudarán a convertirte en una persona más asertiva en general.

Así que, en tu próxima conversación casual, ya sea con amigos, familiares o incluso desconocidos en una reunión social, encuentra una oportunidad para expresar tu opinión claramente.

Puede ser algo tan sencillo como elegir un tema de conversación, decidir qué película ver o incluso hablar sobre temas más serios como política o religión. Toma nota de tus sentimientos antes, durante y después de la conversación.

Al final del día, revisa tus notas. ¿Cómo te sentiste durante estas interacciones? ¿Notas alguna mejora en tu nivel de comodidad al ser asertivo? Identifica cualquier obstáculo que hayas encontrado y piensa en maneras de superarlo en futuras interacciones.

Repite este ejercicio tantas veces como sea necesario hasta que sientas que la asertividad se está convirtiendo en una segunda naturaleza para ti en estas situaciones cotidianas.

3

JOSÉ COUVERTIE

Espíritu COMPETITIVO

Los capítulos de este tercer bloque se adentrarán en cómo una actitud competitiva es un cambio de juego en tu búsqueda de excelencia y liderazgo. Prepárate para transformar la competencia en tu aliada y capitalizarla para escalar a nuevas alturas.

JOSÉ COUVERTIE

La competencia
ES CONTIGO

Al enfocarte en superar tus propios récords, descubrirás un camino más significativo hacia la excelencia. Si deseas convertirte en tu mejor rival, este capítulo te guiará a través de ese proceso transformador.

Estás en la oficina, y el aire se siente más pesado de lo normal. Todos los ojos están puestos en el tablón de anuncios donde se revelará el nombre del Empleado del Mes. Tu mirada se cruza con la de Ana, la estrella del equipo, quien ha ganado el reconocimiento más veces de las que puedes contar. "Si ella puede, yo también", te repites mentalmente mientras el jefe se acerca al tablón.

Despega lentamente el papel que cubre el nombre del ganador, y sí, es Ana otra vez. Una parte de ti se siente derrotada, pero otra parte se enciende con una chispa de desafío.

TRIÁNGULO ALFA

Desde ese momento, algo cambia en ti. Te sumerges en tu trabajo con una energía que nunca habías sentido antes. Cada tarea se convierte en una misión, cada proyecto en una batalla. Te quedas después del horario laboral, haces ese esfuerzo extra, te vuelves más meticuloso.

> No pasan desapercibidos tus esfuerzos; tus colegas y amigos empiezan a notar la diferencia y hasta recibes unos cuantos elogios. Pero, en el fondo, sigues midiendo tu éxito en función de Ana.

John Wooden, entrenador de baloncesto estadounidense, ganador de 10 campeonatos de la NCAA con UCLA, siempre decía: "No compito con nadie. Compito conmigo mismo para ser superior cada día". Ahora bien, aquí es donde las cosas dan un giro. Un día, mientras revisas tus propios logros, te das cuenta de que has superado tus antiguas marcas. Has cerrado más tratos, resuelto más problemas y, en general, has sido más productivo que nunca. En ese momento, como un rayo de lucidez, entiendes que la verdadera competencia siempre ha sido contigo mismo.

El siguiente anuncio del Empleado del Mes está a la vuelta de la esquina. Sientes una tensión en el aire, pero esta vez es diferente. Ya no estás obsesionado con superar a Ana. Ahora, tu única preocupación es mantenerte fiel a esta nueva versión de ti mismo, que día a día se esfuerza por ser mejor. El jefe se acerca al tablón de anuncios y esta vez, cuando despega el papel, te das cuenta de que no importa cuál nombre esté allí. Porque ya has ganado algo mucho más valioso: la certeza de que puedes ser mejor cada día, y eso es algo que nadie te puede quitar.

¿Qué significa competir contra uno mismo?

Si alguna vez has intentado superarte en cualquier ámbito de la vida, ya sea profesional o personal, te habrás dado cuenta de que la competencia más dura y significativa no es contra los demás, sino contra ti mismo: el reto más grande y gratificante que enfrentarás es la lucha por ser mejor hoy de lo que eras ayer.

> No se trata de compararte con los demás, sino de medirte contra tus propios estándares y marcas personales.

Competir contra uno mismo es el acto de esforzarse por superar tus propios límites y expectativas. Es la habilidad de mirar hacia adentro y decir: "Sé que puedo hacerlo mejor".

Carlos Slim Helú, empresario mexicano y uno de los hombres más ricos del mundo, nos recuerda: "La competencia siempre te hace mejor, incluso cuando el competidor gana". Supón que eres un corredor; sí, es genial superar a otros en la pista, pero la verdadera victoria viene cuando rompes tu propio récord de tiempo. Esa es la esencia de competir contra ti mismo: llevar tus propias habilidades, talentos y ambiciones al siguiente nivel.

No obstante, la sociedad suele enfocarse en la competencia externa. Desde pequeños, nos enseñan a compararnos con los demás: en la escuela, en los deportes, incluso en la vida social. Pero la competencia externa tiene sus límites.

Puede ser desmotivadora si sientes que no puedes alcanzar a los demás, o llevarte a la complacencia si te encuentras en la parte superior. En cambio, competir contra ti mismo te pone en un camino de mejora continua. Te empuja a desafiarte, a aprender y a crecer sin cesar.

OBJETIVO ALFA
Así te superas a ti mismo

- **En el trabajo.** En lugar de comparar tus ventas con las de tu compañero más exitoso, mide tus números actuales con los del mes pasado. Haz un plan para mejorar y da seguimiento a tu progreso.

- **En la salud.** Si estás tratando de ponerte en forma, no te compares con la persona que ha estado haciendo ejercicio durante años. En su lugar, compara tu resistencia o tiempo de vuelta de esta semana con la de la semana pasada.

- **En aprendizaje.** Si estás aprendiendo un nuevo idioma, en lugar de sentirte mal porque no eres fluido como un hablante nativo, compara tu fluidez de hoy con la de hace un mes.

Es fácil distraerse con lo que otros están haciendo. Mantén tu enfoque en ti mismo.

No te estanques en el "Ya tengo suficiente"

Digamos que te has fijado la meta de ganar 100,000 dólares al año. Trabajas duro, te esfuerzas al máximo y, finalmente, lo logras. En ese momento, sientes que has llegado. Te relajas y te dices a ti mismo: "Ya tengo suficiente".

Este es un sentimiento peligroso porque, aunque es válido sentirse satisfecho con los logros alcanzados, este estado mental puede llevar al estancamiento.

Piensa en tu vida como un paseo en bicicleta. Vas pedaleando, el viento te pega en la cara y sientes que todo va bien. Llegas a un punto donde el camino es plano y fácil, y piensas: "Aquí, justo aquí, es donde quiero quedarme". Es cómodo, ¿verdad?

Pero si te quedas ahí, te pierdes de las vistas que hay más adelante, de las bajadas emocionantes y las subidas que te hacen más fuerte. El "Ya tengo suficiente" es como decidir quedarte en esa parte plana del camino para siempre.

Claro, es fácil, pero te estás perdiendo de mucho. La vida siempre tiene más que ofrecer: nuevos desafíos, nuevas cosas que aprender. Si te quedas donde estás, te lo pierdes todo. Y lo peor es que puedes empezar a retroceder. Como en una bicicleta, si no sigues pedaleando, pierdes el equilibrio y te caes.

Así que la próxima vez que pienses "Ya tengo suficiente", recuerda que la vida es como un paseo en bicicleta. Está llena de oportunidades para aprender, crecer y ser feliz. Pero para eso, tienes que seguir pedaleando.

OBJETIVO ALFA
Para superar el "Ya tengo suficiente"

La clave está en no permitir que la satisfacción se convierta en complacencia. Así que no te robes la oportunidad de descubrir de qué más eres capaz.

- **Reevalúa tus metas regularmente.** Una vez que alcances una meta, establece una nueva. Mantén la rueda girando.

- **Desarrolla hábitos, no objetivos.** Los objetivos son excelentes para la dirección, pero son los hábitos los que te llevan allí. Enfócate en desarrollar hábitos que apoyen tu crecimiento continuo.

- **Encuentra nuevas fuentes de inspiración.** Si tus viejos modelos a seguir ya no te desafían, busca nuevos que te inspiren a seguir creciendo.

- **Mantente curioso.** La curiosidad es el antídoto contra la complacencia. Mantén un interés activo en el mundo que te rodea, en tu campo y en ti mismo.

- **Sé agradecido pero insatisfecho.** Aprende a estar agradecido por lo que has logrado, pero mantén un nivel saludable de insatisfacción que te impulse a seguir adelante.

JOSÉ COUVERTIE

Sal de la ZONA 86

En la vida, muchos comienzan con entusiasmo pero se rinden rápidamente, como el 86 % de los agentes inmobiliarios. Sin embargo, te animo a que persistas. ¡Tienes lo que se necesita!

En este capítulo te invito a salir de lo que en el lenguaje inmobiliario llamamos la "Zona 86". En esta "zona", el 86% de los nuevos agentes inmobiliarios no renueva su licencia en los primeros dos años

En el mundo de los bienes raíces, hay un fenómeno que yo llamo la "Zona 86". En esta "zona", el 86 % de los nuevos agentes inmobiliarios no renueva su licencia en los primeros dos años. O sea, la mayoría simplemente se rinde o tira la toalla antes de realmente adentrarse en la carrera.

Pero esto no es exclusivo de los agentes inmobiliarios. La "Zona 86" es un reflejo de la vida misma. ¿Cuántas veces has oído hablar de personas que inician un negocio y lo cierran antes del segundo año? O aquellos que se inscriben en un gimnasio en enero con resoluciones de Año Nuevo y dejan de ir antes de que llegue marzo. Y qué decir de los estudiantes universitarios que abandonan su carrera en los primeros semestres.

El secreto está en superar esa fase inicial, en salir de tu propia "Zona 86", sea cual sea el campo en que te encuentres. Porque una vez que lo haces, te encuentras en ese selecto 14 % que no solo soñó, sino que también hizo lo necesario para convertir esos sueños en realidad.

Lo primero es creer en ti

Hace un tiempo, estaba realmente emocionado por lanzar una masterclass que llamé "Zona 86". Decidí lanzar una serie de cinco masterclasses mensuales. ¿Por qué cinco? Bueno, quería asegurarme de que los asistentes obtuvieran una visión completa de cómo salir de esa Zona 86 y transformar sus vidas.

Pero aquí viene la mejor parte: no tenía ni idea de cómo vender esas clases. "Tal vez seis o siete personas se unan", pensé. Lancé la masterclass y, para mi sorpresa, ¡30 personas se apuntaron! Vendí cada una de las cinco masterclasses por 400 dólares. Quería hacer un cambio. Y el primer cambio tenía que venir de mí: tenía que creer que podía hacerlo. Lo hice y otros creyeron en ello también. ¿Ves el poder que tiene creer en ti mismo?

¿Quieres comprar una casa? Primero tienes que creer que puedes hacerlo. Sí, has oído bien. Te lo he comentado en capítulos anteriores, pero vale la pena repetirlo: la visualización es poderosa. Imagina esa casa, siente cómo es vivir en ella, y luego toma las medidas para hacerlo realidad.

> Si estás atrapado en tu propia Zona 86, sea en el trabajo, en tus relaciones o en cualquier otra cosa, primero cree en ti mismo. Y no solo es cuestión de pensar positivo, sino de sentirlo en tus huesos.

Se trata de dejar de decir "ya tengo suficiente" y empezar a decir "quiero más para mí y sé que lo conseguiré". Es una mentalidad, una forma de vida. Cuando lo haces, no solo cambias tu vida, sino también la de quienes te rodean. Porque la confianza es contagiosa. Cuando te ven creer en ti mismo, también empiezan a creer más en ellos mismos.

OBJETIVO ALFA
El ciclo de la creencia

Entonces, ¿qué haces después de creer? Alimentas esa creencia todos los días. No es una cosa de una sola vez; es un hábito. Cada día, encuentra formas de reforzar esa mentalidad positiva.

Podría ser a través de la visualización, como mencioné antes, o podría ser a través de la acción, tomando pequeños pasos cada día que te acerquen a tu objetivo.

Sin motivación no hay cambio

Para Serena Williams, tenista estadounidense y ganadora de 23 Grand Slams, "El espíritu competitivo es la fuerza que nos impulsa a seguir adelante, incluso cuando las cosas se ponen difíciles."

Es que la motivación no es solo esa chispa que sientes cuando ves una película inspiradora o lees una cita pegajosa en Instagram. No. La motivación es la fuerza que te impulsa a actuar, a moverte, a cambiar.

La motivación es esa fuerza interna que te hace levantarte por la mañana con un propósito claro. Si quieres cultivar una mentalidad ganadora, la motivación debe ser tu mejor amiga, tu aliada inseparable.

Ahora bien, la motivación viene en diferentes formas y tamaños. Para algunos, es la ambición de alcanzar metas colosales; para otros, es la pasión por lo que hacen o la gente que aman.

Cuando estás motivado, enfrentas desafíos con un enfoque positivo y resuelto. Y cada pequeña victoria, cada obstáculo superado, no hace más que reforzar esa mentalidad ganadora. Es un círculo virtuoso.

CÍRCULO VIRTUOSO DE LA MOTIVACIÓN

Motivación externa e interna

Cada NO te acerca al SÍ

Amar cada paso, no solo el destino

Motivación externa e interna

Según el psicólogo estadounidense Abraham Maslow, la motivación se conecta con nuestras diversas necesidades, que jerarquizó brillantemente en su famosa pirámide, donde en la base están las más esenciales y en la punta las más altas, como las de autorrealización y crecimiento personal.

Aquí prefiero centrarme en el origen de las motivaciones: la motivación externa versus la motivación interna. Veamos:

Motivación externa	Motivación externa
La motivación externa es aquella que proviene de factores externos a ti.	Nace de tu interior. Se trata de un impulso que viene de tus propios valores, intereses o metas.
Puede ser el reconocimiento de los demás, incentivos económicos, o incluso la presión social.	Puede ser el deseo de aprender, la pasión por un proyecto, o el compromiso con una causa personal.
Es cualquier fuerza externa que te empuja a actuar o cambiar.	Es la fuerza interna que te impulsa a lograr tus metas grandes y pequeñas.
Ejemplos de motivación intrínseca incluyen el deseo de aprender, adquirir conocimientos y buscar el bienestar personal	Ejemplos de motivación extrínseca son el salario al final de mes o ganancias si eres emprendedor y el reconocimiento social.
Este tipo de motivación es efectiva a corto plazo pero puede no ser sostenible en el largo plazo si no se acompaña de una motivación más profunda.	Esta motivación es generalmente más duradera y efectiva para alcanzar objetivos a largo plazo, ya que está alineado con lo que realmente te importa

Si hoy me preguntas cuál es mi motivador principal, te respondería que dejar un ejemplo vivo de superación y de echar para adelante en la vida. A los 54 años, me encuentro en una etapa de la vida que muchos considerarían como el "otoño" de su existencia. Mis hijas, ya mujeres hechas y derechas, han trazado sus propios caminos.

Tres de ellas están casadas, y la alegría de ser abuelo me ha sido concedida cinco veces. Pero aquí, en este momento, estoy convencido de que mi influencia en sus vidas, y en las de mis nietos que crecen bajo mi mirada, es más significativa que nunca.

No me malinterpreten; siempre fui un padre comprometido, dedicado a la lucha diaria que exige la paternidad. Sin embargo, en aquellos tiempos, mi rol se veía limitado por las responsabilidades de un empleo convencional.

> **Todo cambió cuando decidí saltar al abismo del emprendimiento, ese universo de incertidumbre y posibilidades.**

Ahora, cada acción que emprendo lleva consigo una intención más profunda: la de dejar una huella perdurable en este mundo y un legado para mis seres queridos. Y sí, incluso este libro que escribo es un testimonio de mi travesía, una pequeña pero significativa señal en el sendero de la vida.

No tengo la más mínima duda de que abrirá puertas, tanto para mí como para aquellos que siguen mis pasos. Esa es mi motivación actual que me hace levantar de la cama cada mañana.

Es así como, en este capítulo de mi vida, me siento más vivo e influyente que nunca. Y lo más importante es que sé que mi impacto en la vida de mis hijas y nietos será un faro que los guíe, mucho después de que yo haya partido.

Cada NO te acerca al SÍ

Desde pequeños, la sociedad nos ha programado para temer al "no". Se nos ha enseñado que un "no" es una puerta cerrada, un fracaso irreversible. Escuchar un "no" y automáticamente pensamos: "Nadie quiere lo que ofrezco", "Este producto es un fracaso", o incluso "Soy un fracaso". Pero detente un momento y replantea esa perspectiva.

En lugar de concentrarte en los "no" que recibes, enfoca tu energía en los "sí" que están por llegar: cada "no" te acerca un paso más a ese anhelado "sí". Es especialmente cierto si trabajas en ventas o en cualquier ámbito en el que tengas que persuadir a los demás.

En estas áreas, tu misión es hallar a la persona que necesita lo que tú tienes para ofrecer, a quien ayudes a resolver un problema. Y lo cierto es que cada "no" te va acercando más a esa persona, pues te permite ajustar tu enfoque, mejorar tu propuesta y seguir con más determinación.

> Cambia tu relación con el "no". Deja de verlo como un rechazo absoluto y empieza a considerarlo como un motivador, como un indicador que te señala dónde necesitas mejorar o ajustar tu estrategia.

Cada "no" es una oportunidad disfrazada, una lección que te prepara para el próximo desafío. Así que la próxima vez que escuches un "no", no te desanimes; al contrario, celébralo como un paso necesario en tu viaje hacia el éxito.

OBJETIVO ALFA
5 pasos hacia el "SÍ"

- **Selecciona un rechazo pequeño.** Identifica una situación en la que esperes recibir un "no", como pedir un favor a alguien o solicitar algo en tu trabajo o vida personal.

- **Prepárate mentalmente.** Antes de enfrentar la situación, prepárate para la posibilidad de un rechazo. Reconoce que el rechazo es una parte natural de la vida y que no define tu valía como persona.

- **Refuerza tu autoestima.** Piensa en tus cualidades y logros para reforzar tu autoestima antes de enfrentar el posible rechazo. Esto te recordará que eres capaz y valioso independientemente del resultado.

- **Afronta la situación.** Haz la solicitud o enfrenta la situación que podría resultar en un "no". Sé honesto y directo en tu enfoque.

- **Aprende de la experiencia.** Si recibes un "no", en lugar de desanimarte, pregúntate por qué fue así. ¿Hubo algo que podrías haber hecho diferente? ¿Es una oportunidad para mejorar? Aprende de la experiencia y utiliza el rechazo como un trampolín para crecer y mejorar.

Amar cada paso, no solo el destino

Todos los seres humanos estamos en constante búsqueda de algo, trabajando para lograr objetivos específicos. A menudo pensamos: 'Estoy haciendo esto para obtener aquello'. Pero, ¿qué sucede si cambiamos nuestra perspectiva? En lugar de enfocarnos en obtener algo, enfocamos nuestra satisfacción en el proceso de ir tras eso. ¿Me sigues hasta aquí?

> La satisfacción más grande no es necesariamente obtener lo que perseguimos, sino el hecho de levantarnos cada mañana con la motivación de ir tras eso que deseamos.

Ese impulso de perseguir algo se convierte en nuestro mayor motivador. Y lo interesante es que cuando tenemos esta motivación, empezamos a pensar en grande y hacer cosas que antes creíamos imposibles.

Kobe Bryant, el legendario jugador de baloncesto estadounidense, cinco veces campeón de la NBA con Los Angeles Lakers, nos dejó esta máxima: "Ganar no siempre es divertido, pero querer ganar sí lo es". Nos encontramos haciéndolas porque tenemos algo que nos impulsa, algo intangible pero poderoso: la búsqueda constante de nuestros objetivos en la vida.

"El éxito no es la clave de la felicidad, la felicidad es la clave del éxito. Si amas lo que haces, tendrás éxito", Albert Schweitzer, médico, teólogo y filósofo alemán, ganador del Premio Nobel de la Paz en 1952.

Así que, no importa lo que sea, el simple hecho de perseguir algo puede ser la fuerza que nos impulse a alcanzar nuestras metas.

JOSÉ COUVERTIE

Activa tu INSTINTO DE CAZA

El "Prey Drive" es un término que se origina en la psicología canina para describir la motivación intrínseca que lleva a un animal a cazar, pero se ha adaptado en el contexto humano para referirse a ese impulso instintivo de perseguir y alcanzar objetivos.

¿Alguna vez te has preguntado cómo algunas personas parecen tener un impulso inagotable para alcanzar sus metas? Bueno, si ese es el caso, te presento a Michael Burt, el hombre que ha hecho de descifrar ese enigma su misión en la vida.

Este coach de rendimiento de alto calibre no solo ha escrito el bestseller "Flip the Switch", sino que es la autoridad número uno en activar lo que él llama "impulso de presa" en las personas. Ha compartido escenario en eventos como 10X, Create Your Future y más, y tiene un programa de capacitación en línea que llega a más de 400 personas al día.

Antes de convertirse en el gurú de la productividad que es hoy, Burt era nada menos que el entrenador de baloncesto más joven de Tennessee. Lideró al equipo femenino de Riverdale High School a un campeonato estatal y cuatro títulos de conferencia.

Pero su momento "eureka" vino en un taller en Tennessee, donde un veterano de Vietnam le habló sobre el "impulso de presa" en perros de guerra. Ahí fue cuando todo encajó.

La esencia de Prey Drive

Con la idea de Prey Drive, o instinto de caza, Burt nos revela cómo nosotros, los seres humanos, también compartimos este instinto predador, aunque nuestras "presas" son más metafóricas: son nuestros objetivos y sueños.

No se trata solo de estar motivado o inspirado de forma pasajera, sino de una fuerza que te lleva a perseguir lo que quieres con una intensidad y persistencia que supera cualquier esfuerzo ordinario.

Es como si tuvieras un turbo incorporado que solo espera la señal para arrancar. Y ahí es donde entra el concepto de "activar el interruptor".

> El impulso de presa es nuestro impulso biológico innato de perseguir metas y superar desafíos. Es lo que nos da energía, nos enfoca y nos obliga a actuar.

Piensa en un león acechando a su presa en la sabana. El león está totalmente consumido y comprometido a capturar a su objetivo. Tiene los ojos fijos, los músculos tensos y la mente fija. Este es el impulso de presa en su forma más pura.

Como seres humanos, nosotros también tenemos este impulso dentro de nosotros. Pero a diferencia de los leones, debemos activarlo conscientemente.

Nuestras vidas modernas de conveniencia y comodidad a menudo adormecen a nuestra presa y la llevan a un estado de letargo. Pasan los días en los que operamos por costumbre y rutina, no por hambre de lograr nuestras ambiciones. Esta es la razón por la que tanta gente se siente estancada y a la deriva. Su impulso de presa no se ha activado.

Para activar tu instinto de caza

Con un impulso de presa o instinto de caza activado, trabajarás más duro y persistirás por más tiempo para lograr tus mayores metas y sueños. El progreso y los resultados se vuelven adictivos, alimentando aún más tu impulso. Esto crea una espiral ascendente de éxito.

Entonces, ¿cómo puedes aprovechar esta tremenda fuente de poder físico y mental? Aquí te comento mis estrategias para activar el impulso de presa:

Conéctate con tu propósito

El propósito es la base del impulso de presa. Tus ambiciones deben alinearse con un sentido más profundo de significado y contribución para que se produzca la activación máxima.

Comienza por aclarar el propósito de tu vida: lo que te satisface, beneficia a los demás y aprovecha tus talentos únicos. Luego, asegúrate de que tus objetivos diarios se relacionen directamente con ese propósito superior. Entonces, ¿listo para entrar en el núcleo de tu existencia? Aquí van las preguntas fundamentales:

- ¿Qué te hace sentir vivo? Encuentra esos momentos en los que te sientes más conectado contigo mismo y el mundo. Ahí hay pistas sobre tu propósito.

- ¿Cuál es ese talento o habilidad que fluye naturalmente en ti? Todos tenemos un don. ¿Cuál es el tuyo?

- ¿Qué te haría levantarte de la cama incluso si no te pagaran por ello? Este es un indicativo sólido de lo que realmente te apasiona.

- ¿Qué problemas del mundo te afectan profundamente? A veces, nuestro propósito está ligado a resolver problemas que nos tocan el alma.

- ¿Qué legado quieres dejar? Piensa en cómo quieres que te recuerden; Eso te dará una dirección a seguir.

- ¿Cómo definirías el éxito en tus propios términos? Deshazte de las definiciones convencionales y crea la tuya.

- ¿Qué sacrificios estás dispuesto a hacer? ¿A qué o a quién renunciarías para alcanzar tu propósito?

- ¿Qué consejo le darías a tu yo más joven o más viejo?

- ¿Quiénes son tus modelos a seguir? Analiza qué es lo que admiras de ellos, lo que te ofrecerá pistas sobre lo que valoras y lo que quieres emular en tu propia vida.

- ¿En qué entorno floreces? Algunas personas prosperan en el caos, otras en la calma. Conocer tu entorno ideal orientará tus esfuerzos de manera efectiva.

- ¿Qué te hace olvidar el tiempo? Cuando haces algo y pierdes la noción del tiempo, estás en el estado de "flujo", lo cual es un buen indicador de una actividad que podría formar parte de tu propósito.

- ¿Qué elogios o comentarios positivos recibes con frecuencia? A veces, los demás ven en nosotros cosas que no vemos. Esa retroalimentación revela aspectos clave de tu propósito.

- ¿Qué actividades te hacen sentir mejor después de hacerlas que antes de empezar? Identifica acciones que te llenan de energía en lugar de agotarte.

Establece metas inspiradoras

Las metas son las presas que nuestro impulso de presa busca "capturar". Fíjate metas grandes y audaces que te entusiasmen y requieran que te esfuerces y crezcas.

Tener metas inspiradoras en el horizonte estimula tu instinto de presa y te impulsa hacia adelante. Te lo he comentado antes y no dudo en repetírtelo: divide los objetivos más importantes en hitos más pequeños para tener objetivos claros que te guíen a diario.

Desarrolla hábitos positivos

Vince Lombardi, legendario entrenador de fútbol americano, captura la esencia del espíritu competitivo al decir: "Ganar no lo es todo, pero el esfuerzo por ganar sí lo es".

Crea rutinas y hábitos diarios que respalden un impulso de presa activado, como hacer ejercicio temprano en la mañana, aprender durante el desayuno y programar trabajos importantes temprano.

Los hábitos eliminan el esfuerzo necesario para empezar. Hazlos fáciles, consistentes y apilados según tus momentos. Por ejemplo, si reconoces que ver series en streaming está consumiendo demasiado de tu tiempo, puedes tomar los siguientes pasos, que también sirven para adecuar a cualquier otro hábito que quieras reproducir:

1. **Establece metas.** Decide cuánto tiempo quieres dedicar a ver series y cuánto invertir leyendo o haciendo ejercicio. Por ejemplo, reducir a 1 hora de series al día.

2. **Encuentra un sustituto.** En lugar de ver una serie, abre un libro o ponte tus zapatillas de deporte. Prepáralos con antelación para que sea más fácil tomar esa decisión.

3. **Planifica y programa.** Utiliza una aplicación o un calendario para programar tus tiempos de lectura o ejercicio. Por ejemplo, leer o hacer ejercicio de 7 p.m. a 8 p.m.

4. **Crea recordatorios visuales.** Pon una nota en la TV o en el control remoto que diga "¿Y el libro?" o "¿Hora de ejercitarse?".

5. **Sé consciente de los obstáculos.** te das cuenta de que hay un nuevo lanzamiento en tu plataforma de streaming que podría tentarte, planifica cómo lo manejarás.

Enfoca tu mente

Aprovecha la energía del impulso de la presa a través de la meditación y la visualización. Meditar antes del trabajo te pone en un estado de calma y concentración para dirigir efectivamente el instinto de caza.

> Visualiza tus objetivos y preprograma la neurología para hacerlos realidad, utilizando una intensidad concentrada en lugar de realizar múltiples tareas dispersas.

Retarte a ti mismo

Haz al menos una cosa cada día que te saque de tu zona de confort: el impulso de presa prospera al superar desafíos mediante la práctica y el desarrollo de habilidades.

> Mantenerse demasiado cómodo es un camino seguro hacia la inactividad. Así que busca factores de estrés controlado y positivos que amplíen sus capacidades.

Mia Hamm, exfutbolista profesional y dos veces campeona olímpica, nos comparte: "Para ser un campeón, tienes que ver el panorama completo. Se trata de no solo de ganar un partido o un torneo. Se trata de hacer todo lo posible para ser el mejor ".

Cuestiona los supuestos

Pregúntate diariamente: "¿Qué creencias pueden estar limitando mi impulso de presa?" Nuestras suposiciones y creencias autolimitantes, de las que te hablé en capítulos anteriores, reducen inconscientemente el instinto de caza.

Cuestionarlos rutinariamente y reemplazarlos con alternativas empoderadoras es vital para crecer y asumir el control de nuestra vida.

Asume tu responsabilidad

Ser responsable ante otra persona mantiene tu instinto de presa encendido. Comparte tus objetivos y progreso con un entrenador, mentor, grupo de pares o socio de apoyo.

> El compromiso público y los controles periódicos crean una presión saludable.

Revisa tu visión

Cuando la energía del impulso de presa esté bajando, revisa tu tablero de visión, tu diario de logros o tu gran lista de objetivos.

Reconectarse con tu PORQUÉ proporciona una sacudida instantánea y aclara la concentración. La visión es combustible para el fuego de la presa.

> No más planificación excesiva ni pensamiento excesivo. Haz progresos imperfectos a diario, incluso en pequeños aspectos. La acción crea impulso. Sólo muévete.

Como cualquier habilidad o capacidad innata, tu impulso de presa necesita ejercicio y cuidados regulares para mantenerse fuerte. Convierte en una práctica diaria implementar una o más de estas estrategias anteriores.

Diseña, planifica, ¡TRABAJA!

La planificación y la acción son dos caras de la misma moneda del éxito. Sin un plan bien estructurado, incluso las intenciones más nobles se pierden en el laberinto de la indecisión y la falta de enfoque.

Alex siempre soñó con ser un escritor exitoso. Tenía talento, no hay duda de eso. Pero su vida era un constante ciclo de "¿y si?" y "algún día". A pesar de los deseos y las fantasías, nunca fijó una meta concreta para convertirse en escritor.

Imaginaba su nombre en la portada de los libros y veía a la gente aplaudiendo en sus lecturas. ¡Ejercía muy bien la visualización! Pero esos sueños permanecían en su mente, como un tesoro enterrado esperando ser descubierto.

Aunque tenía el deseo de escribir, nunca se comprometió a establecer una meta específica. No había un número de páginas que quisiera escribir cada día, ni un plazo para terminar su primera novela. De alguna manera, siempre encontraba una excusa para no definir esos parámetros.

Tal vez fue el miedo al fracaso o quizás la comodidad de no tener que enfrentarse con resolución a la responsabilidad que tenía por delante.

Sin una meta clara, su GPS interno estaba apagado. No tenía dirección, y como resultado, se encontró dando vueltas en círculos.

Lo siguiente en la lista habría sido planificar sus pasos, si alguna vez hubiese tenido una meta, claro está. Sin un plan, Alex era como un capitán sin mapa.

Podía haber dividido la meta de escribir una novela en tareas más pequeñas y manejables, como investigar, esbozar y escribir capítulos. Pero no lo hizo.

Su falta de planificación significaba que cada vez que se sentaba para escribir, se sentía abrumado. No sabía por dónde empezar y esa incertidumbre le paralizaba.

Incluso si por algún milagro se hubiese tropezado con un plan, trabajar en ese plan es donde la verdadera magia ocurre. Pero Alex nunca llegó a ese punto.

Toma las riendas

A falta de metas y planificación, el trabajo para convertirse en escritor sencillamente no existía en su ecuación de vida. Pasaba más tiempo pensando en escribir que escribiendo. Los días se convirtieron en semanas, las semanas en meses y los meses en años. El tiempo pasó y la magia que podría haber ocurrido nunca fue.

Al final, Alex se convirtió en una de esas personas que miran hacia atrás en su vida y se preguntan "¿qué habría pasado si?". No fijar metas, no planificar y no trabajar en sus sueños lo llevó a un callejón sin salida.

> El triángulo dorado de fijar metas, planificar y trabajar en el plan nunca se completó, y como resultado, su mentalidad ganadora nunca se materializó.

Así que, cuando pienses en tus propias metas y sueños, recuerda la historia de Alex. No permitas que tus sueños se queden en eso, sueños. Toma las riendas y dirígete hacia el éxito que mereces. No seas un Alex en tu propia historia.

Así que, ya sabes, no solo basta con tener una mente competitiva, ¡hay que ponerse en acción! Los sueños sí se hacen realidad si tienes la confianza de:

1. **Fijar una meta**
2. **Planificar tus pasos**
3. **Trabajar en el plan**

TRIÁNGULO ALFA

EL TRIÁNGULO DORADO DEL ÉXITO

Fijar una meta

Planificar tus pasos

Trabajar en el plan

1. Fijar metas

Aquí vamos con la primera esquina de nuestro triángulo dorado: fijar metas. Grandes metas, para ser exactos. ¿Por qué? Porque las grandes metas traen grandes resultados.

Podrías estar pensando: "Pero he fracasado antes". O quizás: "Tengo miedo de decepcionarme". Escucha, eso es algo que nos pasa a todos. No eres el primero ni serás el último en enfrentar esos temores.

Pero aquí está el truco: tienes que encontrar eso que realmente te hace feliz, eso que te levanta por las mañanas con una sonrisa en tu rostro. Y cuando lo encuentres, establece una meta en torno a ello.

> No subestimes el poder de tener un objetivo claro en mente. Es como tener un GPS interno que te guía incluso cuando te sientes perdido.

¿Por qué establecer metas es una de las puntas de nuestro triángulo dorado? Sencillamente porque las metas bien definidas nos dan un sentido de dirección y propósito, nos motiva a avanzar y a superar obstáculos, y nos ayuda a medir nuestro progreso.

Por si fuera poco, las metas también nos proporcionan un sentimiento de logro cuando las alcanzamos, nos brindan claridad, motivación y un camino hacia el crecimiento personal, fortaleciendo nuestra confianza y autoestima.

OBJETIVO ALFA
Establece metas con la Fórmula SMART

Este ejercicio es adaptable para cualquier área, simplemente sigue la fórmula SMART y ajusta los detalles según lo necesites.

- **Específica.** Escribe qué producto o servicio quieres enfocar para aumentar las ventas. Sé lo más específico posible. Ejemplo: "Aumentar las ventas de la línea de bisutería de gold-filled".

- **Medible.** Establece una cifra o porcentaje exacto que quieras alcanzar en ventas para ese producto o servicio. En el ejemplo dado, podría ser: aumentar las ventas en un 25%.

- **Alcanzable.** Haz una rápida evaluación de si la meta es realista con los recursos y el tiempo que tienes. Por ejemplo, "Tengo un equipo de 5 vendedores y una campaña de marketing".

- **Relevante.** Explica por qué esta meta es importante para el negocio o para tu desarrollo profesional. "Aumentar las ventas fortalecerá nuestra marca y aumentará las ganancias".

- **Limitada en el tiempo.** Establece una fecha límite para alcanzar esta meta. "Lograr el aumento del 25 % en los próximos 3 meses".

Ahora, junta todos estos elementos en una declaración de meta SMART. Por ejemplo, "Aumentar las ventas de la línea de zapatillas deportivas en un 25% en los próximos 3 meses para fortalecer nuestra posición en el mercado". Guarda esta declaración en un lugar visible para mantenerte enfocado y en la senda correcta hacia el cumplimiento de tu meta.

2. Planifica tus pasos

No basta con tener una meta; también necesitas un plan de acción. ¿Quieres escribir un libro? Genial, establece plazos y fechas límite. ¿Quieres poner en forma ese cuerpo? Excelente, decide qué días irás al gimnasio y qué tipo de dieta seguirás.

> La planificación es como un mapa que te lleva al tesoro escondido, que en este caso, es tu meta.

OBJETIVO ALFA
Diseña tu propio Mapa de metas

Esta actividad te da una visión concreta de lo que se necesita para alcanzar tu meta principal. No es solo un ejercicio; es un plan de acción que puedes empezar a implementar de inmediato. ¡Buena suerte en tu viaje hacia el éxito!

1. **Identifica la meta principal.** En el centro de una hoja de papel, escribe tu meta principal de manera clara y específica. Si quieres, puedes dibujar un círculo alrededor o hacerlo resaltar de alguna manera. Esta es la meta que guiará todas las demás.

2. **Divide en submetas.** Ahora dibuja líneas que salgan de tu meta principal hacia los bordes del papel. En el extremo de cada línea, escribe una submeta que contribuya a tu meta principal. Si tu meta principal es "Publicar un libro", las submetas podrían ser "investigar", "crear un esquema", etc..

3. **Establece acciones.** Desde cada submeta, dibuja más líneas hacia fuera y, en el extremo de estas, escribe acciones específicas para lograr cada submeta. Usando el mismo ejemplo del libro, desde "Investigar el tema", las acciones podrían ser "Leer 5 libros relacionados", "entrevistar a expertos", indagar en Google para ver qué otros libros se han hecho alrededor de mi temática, etc.

4. **Asigna fechas límite.** Al lado de cada acción y submeta, anota una fecha límite para su cumplimiento. Sé realista pero también un poco desafiante en tus plazos. En todo caso, trata en lo posible de no postergar.

5. **Identifica obstáculos y soluciones.** Utiliza Post-its o un espacio en el papel para escribir posibles obstáculos que podrías enfrentar en la consecución de tus metas y las soluciones o alternativas para superarlos.

Una vez que hayas completado la actividad, tómate un momento para reflexionar sobre el proceso. ¿Cómo te sientes al ver todas las submetas y acciones desglosadas? ¿Te parece más manejable tu meta principal ahora que la has dividido en partes más pequeñas? ¿Los obstáculos que identificaste te parecen superables con las soluciones que has escrito?

3. Trabajar en el plan

No hay forma de que tus metas se hagan realidad si no te arremangas y te pones manos a la obra. Aquí es donde mucha gente se atasca.

La planificación es emocionante, claro, pero cuando llega el momento de actuar, de repente hay mil excusas. El tiempo, los compromisos, la última temporada de esa serie que te encanta.

Pero si definitivamente estás resuelto a ser una persona Alfa y tener una mentalidad ganadora, este es el momento en el que debes demostrar de qué estás hecho. Trabaja en tu plan como si tu vida dependiera de ello, porque, en cierto modo, así es.

> **OBJETIVO ALFA**
> **Para evaluar tu plan**
>
> Con esta actividad, tendrás un método tangible y sistemático para medir el progreso de tu plan, lo que te permitirá hacer ajustes informados y mantenerte enfocado en tus objetivos.
>
> - **Identifica métricas clave.** Piensa en las métricas que representen el éxito de tu plan. Puede ser algo como "ventas realizadas", "clientes nuevos adquiridos", "horas dedicadas", etc.
> - **Crea un dashboard.** Dibuja una tabla en una hoja de papel. Las columnas representarán las métricas clave y las filas serán las fechas en las que medirás estas métricas. También puedes crear una hoja de cálculo y utilizar columnas para métricas y filas para fechas.

- **Establece un horario.** Decide la frecuencia con la que actualizarás este dashboard. Puede ser diario, semanal, quincenal, etc.

- **Registra los datos.** En las fechas establecidas, registra los resultados de cada métrica en tu dashboard.

- **Calcula deltas.** En una columna adicional o en una fila inferior, calcula la diferencia entre los resultados actuales y los resultados anteriores para cada métrica. Esto te dará una idea de si estás progresando, estancado o retrocediendo.

- **Analiza y ajusta.** Después de un período de tiempo determinado (como una semana o un mes), revisa las métricas. Pregúntate qué está funcionando bien y qué no, o si necesitas ajustar tu enfoque o estrategia. También cuál métrica mostró el mayor progreso y por qué crees que sucedió. ¿Hay alguna métrica que no haya cambiado o que haya disminuido? ¿Qué cambios planeas hacer al respecto?

Continúa actualizando tu dashboard según el horario que hayas establecido. Si es necesario, ajusta las métricas que estás rastreando o la estrategia que estás empleando para mejorarlas.

JOSÉ COUVERTIE

Redes para el éxito: EL PODER DEL NETWORKING

No importa cuán inteligente, talentoso o dedicado seas, necesitas una red sólida detrás de ti para alcanzar tus más altas aspiraciones.

Indra Nooyi, quien ocupó la posición de CEO de PepsiCo durante más de una década, es una verdadera fuerza de la naturaleza. Pero no llegó a ser una de las mujeres más poderosas del mundo de los negocios solo por su inteligencia o su ética de trabajo indomable; lo hizo también a través de su capacidad innata para tejer una red de relaciones, tanto dentro como fuera de su industria.

Nooyi sabía que para liderar una empresa de la magnitud de PepsiCo necesitaba más que solo una visión; necesitaba un equipo que pudiera ayudarla a materializar esa visión. Desde el momento en que asumió el mando, Nooyi comenzó a crear un equipo diverso, lleno de expertos en diferentes campos, desde la comercialización de productos hasta la sostenibilidad ambiental. Pero no se detuvo ahí.

> Comprendía que el éxito no se logra en un vacío; requiere el apoyo y la colaboración de una variedad de personas, talentos y organizaciones.

Por eso, extendió su red más allá de PepsiCo, llegando a líderes de la industria, políticos y hasta a competidores.

Una de las iniciativas más audaces de Nooyi fue la transición de PepsiCo hacia productos más saludables, pues tuvo el olfato para detectar la creciente preocupación de la sociedad por la obesidad causada por el consumo excesivo de azúcares.

Pero este cambio monumental no podría haberse logrado sin un equipo sólido que compartiera su visión. Aquí es donde su habilidad para el networking brilló de manera especial.

Nooyi no dudó en alcanzar a nutricionistas, reguladores y otros líderes de la industria para discutir formas de hacer que su visión se convirtiera en una realidad.

Su legado en PepsiCo es una prueba viviente de que cuando un líder se centra tanto en las personas dentro como fuera de su organización, los límites del éxito pueden expandirse más allá de lo que cualquiera podría imaginar.

El éxito no se logra en solitario

Hace poco viví una experiencia realmente transformadora al pasar tres días completos sumergido en el conocimiento del renombrado John Maxwell, quien me acogió en su programa de coaching para líderes.

No es solo la eminencia de Maxwell en el mundo del liderazgo lo que hizo que estos tres días fueran invaluables, sino también la profundidad de las lecciones que impartió, en particular la importancia vital de forjar conexiones significativas en nuestras vidas profesionales.

> Maxwell resaltó que en el escenario empresarial actual, tener un robusto círculo de contactos no es simplemente un "extra", sino una necesidad imperante.

Este círculo de aliados no solo actúa como una llave maestra que desbloquea una multitud de oportunidades de negocio, sino que también funciona como una red de seguridad emocional y estratégica.

Es esta comunidad la que te levanta cuando te tropiezas, la que te ofrece perspectivas frescas cuando te sientes atrapado, y la que te impulsa a seguir adelante cuando las probabilidades parecen estar en tu contra.

Son casi infinitos los beneficios de crear un Networking para alcanzar el éxito:

- Una red fuerte te proporciona un flujo constante de oportunidades de negocios, empleo o colaboración que quizás no encontrarías de otra manera.

- Las personas en tu red ofrecen valiosos consejos y orientación basados en sus propias experiencias, lo que te permite evitar errores comunes.

- Cuantas más personas te conozcan y confíen en ti, más fácil será acceder a recursos y a información que puedan ayudarte en tu camino al éxito.

- A través de tu red encontrarás mentores o incluso cursos recomendados para desarrollar las habilidades que necesitas para tener éxito. También, una red efectiva te permite encontrar socios potenciales con los que puedas colaborar en proyectos que beneficien a ambas partes.

- Cuando las personas en tu red hablan positivamente de ti, mejora tu reputación en la industria, lo que a su vez te abre nuevas puertas.

- Ser activo en tu red te mantiene visible dentro de tu industria o campo, lo cual es vital para el éxito en el largo plazo.

- Con una red fuerte, ganas la capacidad de influir en decisiones y cambios en tu industria, lo cual no solo es beneficioso para ti sino también para tu comunidad profesional.

Para alimentar tu red de contactos

Si quieres que la gente forme parte de tu red, tienes que darles una razón para hacerlo. ¿Puedes ofrecerles un consejo o un servicio que les resuelva un problema? ¿Eres capaz de crear una oportunidad para otros? ¿Conoces a alguien más en tu red que podría ayudarles?

Aportar valor no significa hacer un favor esperando algo a cambio, si no contribuir de manera significativa a la vida o al negocio de alguien más.

Refina tu ascensor pitch

Ten preparada una versión breve y atractiva de quién eres y qué haces. No se trata de venderse, sino de presentarse de una manera que haga que la gente quiera saber más sobre ti y esté dispuesta a pedir tus servicios u ofrecerte una mano.

OBJETIVO ALFA

Para crear un ascensor pitch

Este ejercicio te ayudará a preparar un ascensor pitch efectivo para comunicar quién eres y qué ofreces en un corto período de tiempo.

1. **Identifica tu objetivo.** Antes de empezar, piensa en el propósito de tu pitch. ¿Quieres conseguir un nuevo trabajo, atraer inversores o simplemente hacer una buena primera impresión?

2. **Destaca tus fortalezas.** Escribe una lista de tus habilidades, logros y experiencias más relevantes para tu objetivo. En unas pocas frases, responde las siguientes preguntas: ¿Quién eres? ¿Qué haces? ¿Qué estás buscando?

3. **Construye tu historia.** Utiliza tus respuestas y la lista de fortalezas para crear una narrativa coherente. Asegúrate de que tu historia tenga un comienzo, un desarrollo y una conclusión.

4. **Incluye un "Hook" o gancho.** Piensa en una frase o pregunta que capture la atención de la persona desde el principio. Usa un cronómetro para asegurarte de que tu pitch no dure más de 30 a 60 segundos. Practica hasta que te sientas cómodo y natural al decirlo.

5. **Solicita retroalimentación.** Practica tu pitch con amigos o familiares y pide su opinión. Haz ajustes según sea necesario. Presta atención a tu tono de voz, velocidad y lenguaje corporal. Todo cuenta cuando tienes poco tiempo para impresionar.

Haz un seguimiento

Tras conocer a alguien una vez es un encuentro, hacer un seguimiento convierte ese encuentro en una conexión.

Un simple correo electrónico o mensaje en LinkedIn que diga cuánto disfrutaste conocer a la persona y cómo te gustaría mantener el contacto puede hacer maravillas.

Una red no es algo que construyes una vez y luego olvidas. Es un organismo vivo que necesita ser cuidado y alimentado. Mantén el contacto con tu red a través de mensajes ocasionales, comparte actualizaciones que podrían interesarles o simplemente felicítales por sus logros.

Sé generoso pero selectivo

Tu tiempo es valioso, así que sé generoso con él, pero también selectivo: no todas las conexiones merecen un lugar en tu círculo más cercano.

Aprende a identificar las que sí lo merecen y dales la atención y el cuidado que necesitan para florecer.

¿Y las redes sociales?

Las redes sociales son una herramienta, no una estrategia. Úsalas para mantenerte en el radar de las personas, para compartir y para aprender, pero no confíes únicamente en ellas para construir relaciones significativas.

Nada sustituye una conversación cara a cara o una llamada telefónica para realmente entender a alguien.

Aprende a despedirte

No todas las relaciones están destinadas a durar para siempre, y está bien. A medida que creces, es natural que algunas de tus conexiones anteriores ya no se alineen con tus objetivos. Saber cuándo y cómo alejarte de una conexión que ya no te sirve es tan crucial como saber cuándo y cómo cultivar una nueva.

Cuida tu reputación: tu "No negociable"

La reputación es mucho más que una simple palabra; es un activo intangible pero muy valioso que puede marcar la diferencia entre el éxito y el fracaso en cualquier ámbito de la vida.

La reputación es la suma de lo que otros piensan de ti, basada en tus acciones y decisiones. Por eso, cuando sé que un producto o servicio no beneficiará al cliente, opto por no venderlo. ¿La razón? Simple: mi reputación es invaluable.

> Actuar con integridad es esencial para mantener una reputación sólida.

En mi caso, me niego a permitir que alguien cuestione mi ética o hable mal de mí en cualquier contexto. Las personas pueden opinar lo que quieran sobre mi personalidad, mis gustos o mis decisiones, pero nunca podrán acusarme de estafar o engañar a alguien. He visto cómo amigos y conocidos han dañado su reputación, y eso es algo que no estoy dispuesto a permitir que suceda conmigo.

> Es importante no solo saber qué estás haciendo para proteger tu reputación, sino también por qué lo estás haciendo.

En mi caso, el "por qué" es muy claro: la reputación es el pilar sobre el cual se construye la confianza. Y en cualquier relación, ya sea personal o profesional, la confianza es la moneda de mayor valor.

Cada uno debe tener un límite, una línea que no está dispuesto a cruzar. Eso es lo que yo llamo mi "no negociable". En mi caso, ese límite es la honestidad y la integridad en todas mis transacciones y relaciones. Cuando estableces tus "no negociables", envías un mensaje claro al mundo sobre qué tipo de persona eres y qué valores te importan más.

OBJETIVO ALFA
Para cuidar tu reputación

- **Transparencia con los clientes.** Si algo no va a funcionar para ellos, sé claro desde el principio.
- **Consistencia.** Mantén un nivel de ética y profesionalismo en todo lo que hagas.
- **Escucha activa.** Presta atención a cómo te perciben los demás y, si es necesario, toma medidas para mejorar.
- **Evaluación continua.** Revisa regularmente cómo tus acciones afectan tu reputación y ajusta tu comportamiento en consecuencia.

¿Qué SIGUE?

Muchos se preguntan sobre el siguiente paso en sus vidas, centrando su atención en el futuro más que en el presente... No avances tan rápidamente que olvides valorar el aquí y el ahora.

Ah, la pregunta del millón: ¿Qué sigue? Es una interrogante que me hacen una y otra vez, especialmente al finalizar una sesión de coaching.

Es como si todos estuvieran concentrados en el próximo capítulo del libro de su vida en vez enfocarse en la página que están leyendo ahora.

A veces estamos tan ansiosos por saltar al siguiente escalón que olvidamos apreciar la etapa en la que nos encontramos. Pero déjame decirte algo: no corras tan rápido que te olvides de lo que realmente importa.

TRIÁNGULO ALFA

> Mira, tu negocio es importante, no hay duda. Pero no permitas que se convierta en el sol alrededor del cual giran todos los demás aspectos de tu vida.

¿Sabes lo que es realmente el núcleo de todo? La familia. Porque en la carrera hacia el éxito, la verdad es que juntos llegamos más lejos. No sacrifiques las relaciones que te nutren y te apoyan en el altar de tu empresa o ambición.

Es preocupante ver cómo, para muchas personas, el negocio se ha convertido en su vida y todo lo demás pasa a ser secundario. Estamos inmersos en un mundo saturado de distracciones, un océano de información que nos inunda cada segundo del día. En este caos, la claridad se convierte en una especie de unicornio que todos quieren atrapar pero que siempre se les escapa.

¿Te sientes identificado? Si es así, podrías pensar que salir de ese laberinto es como escalar el Everest. Pero la verdad es que no es tan complicado como parece.

Lo que necesitas es una estructura, un marco de trabajo que te guíe a través del ruido y te lleve a un lugar de equilibrio y enfoque. Así que, la próxima vez que te preguntes "¿Qué sigue?", quizás debas hacer una pausa y preguntarte también: "¿Dónde estoy ahora y qué es lo que realmente importa en este momento?".

Y luego, con esa claridad recién encontrada, traza un camino más significativo hacia el resto de tu vida.

Esta primera edición de
Triángulo Alfa®
fue publicada en 2024

Made in the USA
Columbia, SC
03 May 2024